# HENGEN LENTOA
# LEHMÄN LIITELYÄ

Tauno Olavi

# Hengen lentoa lehmän liitelyä

## Pakinoita henkisyydestä ja sen puutteesta

Kustantaja: BoD – Books on Demand, Helsinki, Suomi

Valmistaja: Books on Demand, Norderstedt, Saksa

ISBN 978-952-318-530-2

# Sisällys

# Sisällysluettelo

Luonnontieteellisen koulutuksen saaneena minua kiinnostaa tieteen ja uskontojen välinen ristiriita. Sitä ei tosin ole, mutta ei se haittaa. Kiistassa on kyse siitä, kumman riitapukarin käyttämillä keinoilla totuus kaikesta saadaan. Molempien käyttämät menetelmät turvaavat viime kädessä ihmisaivojen kykyihin. Niiden rakenteet määräävät, miten ja mitä ihminen ajattelee. Tästä syystä nykyajan tietämistä käsittelevän filosofian on otettava huomioon myös neuronien fysiikka ja kemia.

Fyysikoita, kosmologeja ja biologeja voinee pitää tiedemiehinä, joilla on eniten sanottavaa, kun maailmankuvia rakennellaan. Uskontojen edustajat katsovat olevansa ainoita päteviä maailmankatsomusten laatijoita, koska niissä puhutaan myös arvoista. Eräs suomalainen piispa lausahti, että ei voi olla tieteellistä maailmankatsomusta. Niitä tosin on, mutta piispa ei niitä hyväksy. Teistien yleinen piirre on uskoa sekä olemattomia oleviksi että olevia olemattomiksi.

Nykyisin puhutaan mieluummin todellisuuskäsityksistä. Yleisesti uskotaan, että on olemassa objektiivinen todellisuus, joka on kaiken tapahtumisen taustalla. Joissakin aatesuunnissa se kielletään ja väitetään kaiken olevan harhaa. Miten tästä todellisuudesta, jota ei ole, saadaan totta tietoa, riippuu ismistä. Uskovat luottavat sisäiseen ääneen ajatellen jonkun siellä, ei pelkästään aivojensa prosessien, kertovan yliluonnollisesta, jota ei ole, faktoja, joista tieteen keinoin on mahdoton mitään tietää.

Uskonnollisen ajattelun mallit kukoistavat edelleen ihmisten mielissä. Sen syynä on kaikkialla maailmassa tehokkaasti hoidettu lasten kasvatus, jossa ne heille opetetaan. Uskontojen väitteet noudattavat ihmisten ajattelun synnynnäisiä uomia niin, että ne uppoavat luonnostaan nuorten joustavaan aivomateriaan.

Erilaisten uskomusten muodostuminen ja niiden totena pitäminen on ollut ja on eläinten elossa pysymisen edellytys. Evolutiivisista syistä niitä syntyy nopeasti ja vaivattomasti. Niiden muuttaminen ja poistaminen vaativat ajatteluponnistuksia, joita energian kulutuksen minimiin pyrkivät eläinkoneet kaihtavat.

Kun ihmiset ovat nuorena omaksuneet jonkun uskomusjärjestelmän, he aikuisina pitävät siitä tiukasti kiinni. Kun he kohtaavat jonkun uuden väittämän, heidän intuitiiviset ajattelun koneistonsa tutkivat sen nopeasti tietoisuudelta salassa. Jos se ei vastaa heidän uskomusjärjestelmäänsä, se tuomitaan asiaa sen kummemmin harkitsematta vääräksi. Ainoaa tieteelliseen totuuteen verrattavaa prosessissa on, että hyväksyttävän uuden ajatuksen pitää muodostaa johdonmukainen kertomus muiden sisällä vellovien uskomusten kanssa.

Ihmiset näyttävät joskus pelkiltä roboteilta, jotka on ohjelmoitu lapsina jonkun systeemin uskollisiksi orjiksi niin, että he tätä orjuuttaan suorastaan rakastavat. Read Montague on sanonut, että ihmisen aivot ovat tehokkaita tietokoneita, koska ne ovat hitaita, epätarkkoja ja niissä on kohinaa. Ylimääräisenä bonuksena niillä on myös tavoitteita. Nähtävästi nämä ominaisuudet sallivat sen verran ohjelmasta poikkeamista, että robotit luulevat tekevänsä kaiken omasta vapaasta tahdostaan.

Roboteilla on ajattelunsa siemeninä joukko synnynnäisiä ominaisuuksia, jotka yhteiskuntien on ohjelmoinneissaan otettava huomioon. Nykyisin nuoret saavat niin paljon vanhempien näkemyksistä poikkeavaa infoa, että suoranuottiseen uskomusjärjestelmään kasvattaminen alkaa olla mahdotonta. Eräs erityisopettajakollega aikoinaan sanoi, että lapsille on ensin opetettava joku selkeä elämänmalli, josta he voivat sitten halutessaan täysiikäisinä luopua. Joten jos se on onnenrobottien edellytys, ohjeen noudattaminen länsimaissa lienee jo lähes mahdotonta.

Ihmiset rakastavat uskomuksiaan samaan tyyliin kuin maallista omaisuuttaankin. Jos epäilee varsinkin pyhiä sellaisia, se on samaa kuin yritys varastaa autotalliin kätketty ikioma Ferrari. Ihmisen henkinen kehitys eläimiin verrattuna näkyy siinä tappamaan valmiissa raivossa, jolla pelkkiä henkisten arvojen symboleita puolustetaan.

Syyn ja seurauksen näkeminen tapahtumissa on ihmisen ajattelun tärkeimpiä kykyjä. Ilman sitä liikkuminen ja muukin toimiminen olisi mahdotonta. Alun perin se on mahdollistanut elossa selviämisen ulkoisen todellisuuden uhkien alaisena. Kulttuurin ja uskonnon henkisissä sfääreissä ihmiset uskovat syitä ja seurauksia yhteyksissä, joissa niitä ei ole. Kausaaliset ketjut ovat aivojen omaksumien täysin abstraktien symbolien loogista yhteensopivuutta. Ne ovat irronneet täysin ulkoisesta fysikaalisesta todellisuudesta ja kohonneet omiin henkisiin sfääreihinsä. Hyvä esimerkki on suomalainen poliitikko, joka arveli Jumalan suuttuneen eduskunnan puhemieheen niin, että tappoi kostoksi tämän vaimon. Hän ilmaisi päättelynsä sanoin "en ole Jumala, mutta kyllähän tässä syy-seuraussuhde voi olla olemassa." Puolueen puheenjohtaja väitti poliitikon erottaessaan, että ei ollut kuullut vastaavanlaisesta ajattelusta. Oli taatusti kuullut ja itsekin vastaavaan syyllistynyt.

Tieteen saavutukset ovat houkutelleet uskomaan, että järki on saamassa otteen ihmisten tavoissa käsittää maailmanmeno. Näin ei ole. Ajattelukyvyt eivät ole kymmeniin ellei sataan tuhanteenkaan vuoteen miksikään muuttuneet. Tiedon kasautuminen sukupolvesta toiseen on tehnyt kehityksen mahdolliseksi. Se tarkoittaa lähinnä teknistä kehitystä, joka mahdollistaa yhä suurempien ihmismassojen elämisen yhtä aikaa Maan pinnalla. Älyllisessä mielessä entisistä ajattelutavoista irti on päässyt hyvin pieni vähemmistö. Suurimmalla osalla ajattelu on edelleen yhtä ja samaa kivikautista taikauskoa, johon on sekoittunut ripaus tiedettä.

Kollektiivisessa mielessä osa yhteiskunnista on henkisestikin edistynyt. Tämä ohut pintasilaus näyttää hilseilevän heti olemattomiin, kun joku uskonnollinen/ideologinen/kansallismielinen porukka kahmaisee vallan.

Tieteellinen ajattelu noudattaa sekin luonnollisia ajattelun uomia, jotka ovat kehittyneet eläinten elossa selviämisen tarpeista. Siinä ei uskota kaikkea, mitä intuitiot syöttävät, vaan yritetään verrata väitteitä kokeellisesti ulkoista todellisuutta vastaan. Ihmisaivojen tieteeseen liittyvät tuotokset ovat nykyisin jo niin henkistyneitä, ettei niitä enää vastaa mikään empiirinen olio, johon verrata.

Meditaation harrastajat yrittävät päinvastaiseen suuntaan kuin tieteen tekijät. He väittävät näkevänsä mielensä hiljentämällä suoraan perimmäiseen todellisuuteen. Empiriaa sekin, mutta siinä mittauslaite ja tulosten tulkitsija ovat omat aivot. Ne viritetään meditaatiota harrastamalla ohittamaan ainakin se tietoisuus, mitä itsen kokemisella tarkoitetaan. Tulosten tulkitsijoilla on kyllä sitten ikävä taipumus väittää, että eihän mitään olekaan olemassa. Ei objektiivista todellisuutta, ei itseä, ei erillisyyttä. Tulokset ovat täysin olemattomia.

Aivojaan buddhalaisetkaan eivät pysty täysin ohittamaan. Jotta siis välttäisimme kiihkomielisen uskonnollisen tai minkä tahansa vastaavan uskomusjärjestelmän (uskonnon, kommunismin, kapitalismin, ...) ylilyönnit, opetus pitäisi aloittaa kertomalla kokeesta, jossa kyyhkyt saivat jyväsensä summamutikassa ilman jumalaa vastaavan koehenkilön järjestämää etukäteissignaalia. Jos kyyhky sattui ennen ruuan saantia pyörähtämään vastapäivään, se näki näissä peräkkäisissä tapahtumissa syy-seuraussuhteen. Sen pikkuruiset aivot uskoivat, että samanlainen pyörähdys tuotti ropinaa ruo-kaputkessa. Uskomuksen synnyn mekanismeja voi sitten selittää kerto-malla, miten dopamiinin kaltaiset kemikaalit muuttavat neuronien kytken-töjä ja niiden synapsien välisiä tiloja. Jos tämä ja tämä lisää dopamiinieri-tystä aivojesi sopukoissa, sinä uskot siihen ja siihen… Jos Uskon dopamii-nieritys on runsaampi kuin Rauhan, Usko uskoo lujemmin tähän siihen. Kun tämän jälkeen väitetään, että Jumala haluaa onanoijan pallit rusinoiksi, voi luottaa kuulijoissa ilmenevään lievään skeptisismiin. Varsinkin jos pystyy näyttämään aivokuvilla, mitkä neuronirykelmät rusinapalleja vastaavat. Se olisi jo todellista filosofian empiriaa.

Ihmiset pystyvät uskomaan mihin tahansa senkin jälkeen, kun uskomus on vääräksi ilman epäilyksen häivääkään osoitettu. Aivotoiminnan yhteyden todellisuuteen täytyy olla perin hatara. Ihmisen kallossa näyttää myös ole-van oma henkinen toiseksi todellisuudeksi kutsuttu sfäärinsä, mistä kum-puaviin faktoihin luotetaan paljon enemmän kuin tieteen tuloksiin. Kyse ei ole pelkästään uskonnoista, vaan yleensä kaikesta ajattelusta.

Tätä ilmiötä ymmärtääkseni luin liudan aivojen toimintaa ja ajattelua käsit-televiä kirjoja. En ole alan asiantuntija, mikä kirjoitusteni lukijan on syytä ottaa huomioon. Jätän vakavien asiapitoisten esseitten kirjoittamisen tästä aiheesta alan tutkijoille. Laadin pakinoita, joissa yritän selittää, miten asiat ymmärsin. En ole yrittänyt kiteyttää mitään lopullisia totuuksia, vaikka en nyt ihan tietoisesti faktoja vääristelekään.

Lukijan on silti syytä pitää mielessä, että kun pakinoitsija tekee virheen, se on tarkoituksellisesti tehty ihan vain pakinallisista syistä. Vaikka hän ei itse olisikaan virheestä tietoinen.

Kuopiossa 10.2.2015  Tauno Olavi

Miten pakinoitsija vaikeassa elämäntilanteessa tunsi tarvetta ryhtyä henkistymään

Muiden ihmisten tavoin en osaa olla täysin tyytyväinen itseeni enkä elämäntilanteeseeni. Terveyteni, talouteni ja ihmissuhteeni ovat kohtuullisessa kunnossa. Minulla on lievää ylipainoa, jonka pääasiallinen syy on himo syödä iltaisin runsaalla rasvalla päällystettyjä ruisvoileipiä. Niiden päälle vuolen mausteeksi paksuja kovaa rasvaa sisältäviä juustosiivuja. Yritin päästä tästä tavasta eroon ja ihmettelin suuresti, miten se ei onnistunut.

Toinen paheeni on hermostua ihmisille, jotka ovat eri mieltä kuin minä vaikka uskonnoista. En suutu näkyvästi enkä ryhdy riitelemään, mutta mielessäni koen ärtymystä moisista käsittämättömistä mielipiteistä. Se ei ole hyväksi verenpaineelleni. Samoin jos teen virheen miten pienen vain, minulla on taipumus hautoa sitä pitkään mielessäni.

Lopulta päätin etsiä apua näihin kiusoihin yrittämällä itämaisia mielenhallinnan tapoja. Olin aikaisemmin lukenut meditaatiosta ja ihmetellyt, josko sen opit todella auttaisivat. Skeptinen mieleni tosin ärtyy, kun luen meditoivien ihmisten muodostamasta yhteisestä värähtelykentästä, jonka vaikutuksesta joukon yksilöistä tulee autuaampia persoonia. Korkeampi tietoisuus, joihin valaistuminen muka johtaa, on selkeästi uskoni ulottumattomissa. Mutta ajattelin, että vaikka teoriat ovat vääriä, käytännön ohjeet voivat silti tuottaa tuloksia. Jos heittää tulipaloon vettä uskoen, että siinä tulen muodostavat flogistonhenget hukkuvat, saattavat liekit silti sammua.

Kirjojeni joukossa on John Selbyn Seitsemän mestarin tie ja Eckhart Tollen Läsnäolon voima. En myönnä ostaneeni niitä, vaan sain ne tutultani. Tollen kerrotaan ainakin kirjan takakannessa olevan yksi aikamme innostavampia henkisen tien opettajia. Ajattelin, että kenties pystyn hallitsemaan itseni hänen oppiensa avulla niin, että pystyn vastustamaan juustoruisvoileivän syömisen himoani ainakin joka toinen päivä. Läsnäolon voima-kirjassa ei anneta selviä ohjeita meditaation harjoittamiseen. Selbyn kirja on juuri sitä varten kirjoitettu. Hänen mestareitaan ovat myös Jeesus ja Muhammad, mikä estää minua ottamasta neuvoja täysin todesta. Mutta ajattelin, että ehkä kirjaa voi hyödyntää soveltuvin osin.

Uskontojen edustajat julistavat mielellään, että he ovat henkisiä ja hengellisiä ihmisiä ja että juuri se tekee heistä hyviä. Tämä vihjaa myös siihen käsitykseen, että ihmisellä ei voi olla kunnon moraalia, jos hän on ateisti tai uskonnoton.

Kun ihmistä syytetään materialismista, tarkoitetaan yleensä sitä, että hänellä on taipumus rakastaa maallisia hyödykkeitään. Filosofiassa materialismi on dualismin jos ei nyt ihan vastakohta niin sen puolikas. Siinä oletetaan, että on olemassa vain yksi aineen laji, materiaksi nimetty, jonka pohjalta myös henkiset ilmiöt syntyvät. Dualistit katsovat, että on olemassa kaksi aineen lajia: se tavallinen aine ja sitten aine, joka ei ole ainetta. Tähän henkiaineeseen uskovat ovat hengellisiä tai henkisiä. Se on näiden mielestä paljon ylevämpää kuin olla filosofisessa merkityksessäkin materialisti.

Minä olen uskonnoton, joten en voi uskovien mielestä olla henkinen, hengellinen tai moraalinen ihminen. Internetistä löytyneitten määritelmien mukaan "hengellisyys tarkoittaa kiinnostusta elämän perimmäisistä arvoista, elämän tarkoituksesta ja oman olemassaolon merkityksestä." Hengellisyys on osa henkisyyttä, jolla tarkoitetaan sisäistä kiinnostusta jumaluudesta tai korkeammasta voimasta. "Se on näkemys merkityksestä ja tarkoituksesta, näkemys itsestä ja suhteesta johonkin itseä suurempaan kokonaisuuteen."

Määrittelyjä löytyy nopeasti iso liuta, joten henkiseksi julistautuminen onnistuu kelle tahansa käyttämällä niistä sopivaa. Olen kiinnostunut jumaluuksista siinä mielessä, että yritän käsittää, miten niistä kukaan voi olla kiinnostunut. Ehkä se ei ole samaa kuin sisäinen kiinnostus siitä. Itseä suurempi kokonaisuus kuulostaa paremmalta, sillä senhän voi käsittää luonnoksi tai maailmankaikkeudeksi.

Henkisen tien polulle lähteneet pyrkivät erilaisiin päämääriin. Itämaisia uskontoja pidetään kristinuskoa tai islamia eteerisimpinä, joten katsotaan ensin, mihin buddhalaiset pyrkivät.

Selbyn mukaan buddhalainen henkinen tie perustuu kahteen haasteeseen. 1) Meidän on avattava tietoisuutemme elämän todellisuudelle, opittava näkemään, keitä olemme ja mistä elämässä on kyse. Tämä on ensisijaisesti mielen haaste. 2) Toiseksi meidän on kehitettävä kykyämme tuntea myötätuntoa ja hyväksyntää koko luomakuntaa kohtaan. Tämä on ensisijaisesti sydämen haaste. (*John Selby Seitsemän mestarin tie s. 80 Basam Books*

*2004*)

Tie käsittää tiedollisen puolen ja moraalisen puolen. Perille pääsyä kuvataan valaistumisella, johon buddhalaisuuden perustaja Siddharta Gautama pyrki seitsemän vuoden ajan. Saavutettuaan lopulta tämän tilan hän vapautui saastaisuuden eri ilmentymistä: aistillisesta himosta, olemassaolon jatkumisen toiveesta ja sekä itsepetoksesta. Tämän jälkeen jälleensyntymisten kiertokulku oli hänen osaltaan lopussa, eikä tämä maailma enää merkinnyt hänelle mitään.

En halua vapautua aistillisesta himosta, joten jätän tämän tavoitteen pois. Olemassaolon jatkumisen toiveesta en myöskään toistaiseksi halua luopua. Se hävinnee ajan myötä itsestään, joten siihen ei tarvitse tietoisesti pyrkiä. En ymmärrä, mitä itsepetos tässä tarkoittaa, joten olkoon siitä eroon pääsy tavoitteeni ainakin, kunnes asia minulle aukenee.

Totuuden tietämiseen pyrkiminen on aina kannatettavaa. Uskonnollisissa teksteissä sanaa totuus käytetään varsin huolettomasti niin, että koskaan ei oikein tiedä, mitä se tarkoittaa. Omat uskomukset ovat nähtävästi totuus ihan kaikesta, mutta niin, että sanaa ei voi liittää täsmällisesti mihinkään selkeään väitteeseen mistään. Niinpä minäkin voin väittää, että tiedän jo totuuden ja että aion vahvistaa siinä entisestään valitsemalla tiedon lähteeni huolellisesti. Jos uusi totuus joutuu ristiriitaan vanhan kanssa, en usko siihen ja alan kehittää epäuskolleni rationaalisia perusteluja.

Buddha keksi aikoinaan neljä jaloa totuutta, joista ensimmäinen oli "elämä on kärsimystä." Tämän hän tiesi jo ennestään, sillä hän oli kysellyt aikansa viisailta, miten vapaudutaan kuolemasta, sairaudesta ja vanhuudesta. Hän tuli tulokseen, että himo ja kiintymys maailmaan aiheuttavat kärsimykset. En tiedä, tarkoittiko hän tällä myös ruumiillisia kärsimyksiä, mutta nähtävästi hän piti mentaalisia niitä pahempina. Keinokin oli armottoman looginen ja ainoa mahdollinen: pitää päästä eroon näistä himoista, kiintymyksistä ja yleensä yhtään minkään haluamisesta. Se lopettaa kärsimisen.

Kysyy nyt gurulta, miten pääsee eroon kärsimyksestä ja kuolemasta ja tämä vastaa, että lakkaa välittämästä niistä! Käytännössä gurusta tulee entinen guru. On kuitenkin niin, että uskonnolliset totuudet ovat täysin eri asia kuin tieteen. Oleellisempaa kuin nämä totuuksien löytämiset lienee se, että Buddha todella lakkasi välittämästä maallisesta tunteitten tasolla. Koska hänen kerrotaan olleen hyvä ihminen, hänen täytyi lakata välittämästä itsestään, mutta aloittaa muista ihmisistä välittäminen. Luulen, että se on vielä vaikeampaa. Jos ei piittaa omista kärsimyksistään, miksi sitten muidenkaan? Tämä tapahtui 2500 vuotta sitten, joten emme voi olla täysin varmoja mistään Buddhaan liittyvästä saati sitten tämän valaistumisen tasosta. Mutta koska kyseessä on uskonto, uskotaan nyt.

Eckhart Tolle lienee saanut oppinsa mm. buddhalaisuudesta. Hän kertoo, miten ego kiukustuu siitä, että on väärässä tai joku toinen on eri mieltä. Samoin se haluaa osoittaa, että muut ovat väärässä. Nämä ovat niitä mentaalisia kärsimyksiä, joista hänen keinoillaan pitäisi olla mahdollista päästä eroon.

Kuvitelkaa nyt, miten kävisi joillekin lehtiemme pakinoitsijoille, vaikka Hytöselle tai Aarno Laitiselle, jotka ovat eri mieltä ammatikseen. Heidän työnsä perustuu siihen (ja heidän saavuttamansa suosio), että he väittävät jonkun poliitikon, julkkiksen tai koko kansan olevan täysin väärässä. Valaistunut Hytönen olisi kuin Hytönen, jolta on leikattu munat. Karmea ajatus, vaikka ei kenties kaikkien mielestä.

Minunkin synteihini kuuluvat nämä egon tuottamat kiusat. Haluan olla oikeassa, mistä halusta en halua päästä eroon. Mutta väärässä olemisen ja eri mieltä olevien tuottamat ärtymyksen tunteet ovat tarpeettomia. Yritän siis valita, mistä elämän puolista lakkaan välittämästä, joten haluan valaistua vain osittain.

Buddhalaisten tavoite kehittää myötätuntoa koko luomakuntaa kohtaan kuulostaa epäilyttävältä. Pelkästään se, että alkaisi rakastaa kaikkia kohtaamiaan ihmisiä, ei tunnu tavoittelemisen arvoiselta. Tolle tosin kertoo, että rakkaus, joka on peräisin Jumalasta, on täysin eri asia kuin se, mitä tunnemme vastakkaista sukupuolta, lapsiamme tai kanssaihmisiämme kohtaa. En ymmärrä sitä, joten varovaisuuden vuoksi vältän sen kokemistakin.

Alkaa tuntua siltä, että minun on paras vaeltaa tätä valaistumisen polkua vain niin kauan, että juustoruisvoileivän syömisen himo häviää. Tavoitteen lopullinen saavuttaminen näyttää tuottavan runsaasti ei-toivottuja tuloksia. Valaistumisen tuottama moraali perustunee tähän rakkauteen ja myötätuntoon kaikkia kohtaan, joten taidan tyytyä siihen, mikä minulla jo on. Näin ollen polkuni tavoitteet ovat totuuden etsimiseen keskittyviä. Tai ainakin jo tietämieni totuuksien vahvistamiseen pyrkiviä, mutta sitä ei sovi kaikille kertoa. Niiden lisäksi on nämä pari vaatimattomampaa mielenrauhani rasitetta, joista haluan päästä eroon.

Ja nyt avoimin mielin ja ilman ennakkoasenteita valaistumaan!

Ps. Koska yritys oli altis epäonnistumiselle, tein itselleni varasuunnitelman. Jos muu ei auta, tukeudun Krishnamurtin sanoihin: "Mielen on oltava täysin vapaa kokemuksen tavoittelusta ja totuuden etsinnästä. Lopeta kaikki etsiminen. Älä pitäydy mihinkään uskomuksiin, älä harjoita mitään uskontoa, älä alistu mihinkään ohjaukseen...omistaudu elämälle koko olemuksellasi, elinvoimallasi ja intohimollasi." (*Selby s. 155*) Jos etsimiseni ei tuota tuloksia, kerron, että mieleni sattui olemaan täysin vapaa totuuden etsinnästä.

Ps. Varasuunnitelman varasuunnitelma: tuo "omistaudu elämälle koko olemuksellasi, elinvoimallasi ja intohimollasi" saattaa haitata kirjoittamista ja terveyttä, joten kehitän sille vaihtoehdon, jos se osoittautuu tarpeelliseksi.

Miten keskenään kinastelevat uskomusjärjestelmät toisiaan runnovat

Muututtuani uskovasta ei-uskovaksi joskus lukion käyntini loppupuolella aloin syvästi ihmetellä, miten kukaan voi uskoa Jumalaan saati sitten Jeesuksen jumaluuteen. Lopullinen kääntymykseni tapahtui luettuani Mika Waltarin kirjan Sinuhe egyptiläinen. Muistan kirjasta vain kohdan, jossa alaston nainen likisti rintansa yhteen antaen juoda niiden muodostamasta maljasta viiniä. Sen täytyi siis olla ratkaiseva tunne-elämys uskosta luopumiseeni?

Aloin ihmetellä, miten maailmassa on ollut ja on edelleen iso liuta uskontoja, joiden käsitykset ovat älyttömiä ja ristiriidassa keskenään. Kannattajat uskovat vakaasti, että vain he ovat oikeassa. Kristittyjä on yli kaksi miljardia, joten niiden joukossa lienee miljoonia, jotka uskovat Jeesuksen jumalanpoikuuteen tosissaan. Muslimit (1,5 miljardia), hindut (900 miljoonaa), buddhalaiset (380 miljoonaa) ja loput lähes kaksi miljardia "mihin nyt uskovat tai ovat uskomatta" eivät siihen usko.

Ihmiset ilmeisesti kykenevät pitämään totena mitä tahansa. Kansalaiset saadaan myös opetettua niin, että he kieltäytyvät täysin järjen käytöstä uskonsa oppeja kohtaan. Mikä ikävintä osa heistä tuntee pyhää vihaa epäilijöitä kohtaan.

Henkisyys vaatii uskoa johonkin itseä suurempaan. Henkisen tien kulkijaa suositellaan pitämään tätä Jotain henkisenä oliona, kuten luonnollista onkin. Suomalaiselle ensimmäinen vaihtoehto on kristinuskon Jumala, joka on toki yhtä uskottava kuin mikä muu jumala tahansa. Tosin uskominen pitää aloittaa kieltämällä kaikki muut. Itämaiset uskonnot ovat paljon kristinuskoa vanhempia ja monissa niistä on useampia jumalia. Joissain ei ole jumalaa ollenkaan. Usko jumalaan, josta samalla ajattelee, että häntä ei ole, on toki vaativin ja kaikkein henkisin haaste.

Päätin siis ensin harkita (vain leikisti) paluuta kristinuskon helmaan. Lukukokemus, jossa Sinuhe juo viintä naisen rintojen välistä, on perin maallinen syy hylätä isien usko, joten yritin löytää kunnon perusteet suuntaan jos toiseenkin tieteellistä analyysiä käyttäen. Rehellisyyden nimissä minun täytyi antaa puheenvuorot sekä tiedemiehille että teologeille. Käytin myös filosofista käsitteitten määrittelyä. Minua ei voi syyttää ennakkoluuloista eikä faktojen tarkoitushakuisesta etsimisestä.

Filosofi Daniel C. Dennett kertoo Rodney Starkin teoksessaan One true God Historical Consequenses of Monotheism (Yksi tosi Jumala, monoteismin historiallisia seurauksia) esittämistä käsityksistä siitä, millaisilla jumalilla on suurin vetovoima. "Jumala sisimpänä olemuksena" tarkoittaa käsityksiä, joissa Jumalaa pidetään kaiken olemisen perustana, ajan ja avaruuden ulkopuolella olevana abstraktina ei-persoonallisena olentona. "Jumala tietoisena yliluonnollisena olentona" on paljon houkuttelevampi, koska tämä voi tehdä muutakin kuin olla palvonnan kohteena. Hän voi vastata ihmisten rukouksiin ja Hänen kanssaan voi käydä kauppaa. (*Daniel C. Dennett Lumous murtuu Terra Cognita s. 190*) Oma Jumalaan uskominen voidaan palkita ikuisella elämällä taivaassa ja naapurin epäusko ikuisella elämällä helvetissä. Saarnastuolissa puhuessaan papit käyttävät "tietoinen yliluonnollinen"-versiota. Riidellessään Jumalan olemassaolosta tieteeseen luottavien kanssa teologit soveltavat "sisin olemus"-mallia.

Kristityt ja muslimit kannattavat tietoista ja yliluonnollista Jumalaa, joten siihen uskovia on enemmistö. Tolle asettuu selkeästi itämaisten selitysten puolelle. Koska vakaa aikomukseni oli ryhtyä uskomaan hänen oppiensa voimaan henkisellä polullani, minun täytyi ensin tulla tulokseen, jonka mukaan kristinuskon Jumala on väärä jumala. Toisaalta ajattelin, että jos totean myös Tollen kelvottomaksi, tieteisuskoon kääntyminen on paras vaihtoehto. Vaellukseni vaati näin käsitteiden selventämistä. Aloitin tieteisuskosta.

Ateistiset tiedemiehet kieltävät jyrkästi uskonsa tieteeseen olevan tieteisuskoa. Kuten tapana on heitä siitä syyttävät määrittelevät tieteisuskon niin, että syytös on tosi, tieteeseen uskovat ei-tieteisuskovat niin, että ei ole. Tasapuolisuuden vuoksi päätin luottaa ApologetiikkaWiki- sivustolta löytyneeseen määritelmään.

Siellä kerrotaan, että "tieteisusko on uskoa, että tiede riittää vastaamaan kaikkiin tai ainakin kaikkiin vastattavissa oleviin kysymyksiin". Kirjoittaja tuomitsee tämän sanomalla, että "Tieteisusko kumoaa itsensä, koska tiede ei todista tieteisuskoa. Ei ole olemassa mitään tieteellistä tulosta, joka todistaisi, että vain tieteellinen tieto olisi luotettavaa. Koska siis tieteisuskon olennaiselle oletukselle, että vain tieteellisesti perusteltuja väitteitä pitäisi uskoa, ei löydy tieteellistä tukea, tieteisuskon mukaan tieteisusko ei ole luotettava näkemys." Hän jatkaa kertomalla, että "emme lopulta tiedä, mitä tiede on. Tieteenfilosofiassa on osoitettu, että ei ole mahdollista määritellä, mikä on tiedettä ja mikä ei. Tieteisuskova ei siis tiedä, mihin uskonsa kohdistaa. Pinnallisesti tämä on toki helppoa: uskotaan vain kaikki, mitä

tiedemieheksi koettu henkilö väittää."
Uskonnon suhteen on toisin. Ihmiset tietävät hyvin, mitä uskonto tarkoittaa. Varmuuden vuoksi on hyvä silti tietää, että Monroe Beardsley ja Elisabeth Beardsley kertovat uskonnon vastaavan seuraaviin kysymyksiin:

1) Mitkä ovat ihmisen perustavanlaatuiset piirteet ja heidän kohtaamansa keskeiset ongelmat?
2) Millä ei-inhimillisen todellisuuden piirteillä on suurin merkitys inhimillisen elämän kannalta?
3) Ihmisen ja maailmankaikkeuden luonne huomioon ottaen, miten ihmisen tulisi elää?
4) Kolmen edellisen kysymyksen vastaukset huomioiden mitkä käytännöt kehittävät parhaiten ja ylläpitävät ihmisissä inhimillisen ja ei-inhimillisen todellisuuden luonteen ymmärrystä ja omistautumista inhimillisen elämän ihanteelle?
5) Kun neljään ensimmäiseen kysymykseen etsitään vilpittömiä vastauksia, mitä metodia tai metodeja tulisi soveltaa?

(*Michael Martin (toim.) Ateismi Vastapaino 2010 s. 314*)
Sitten vain tutkimaan uskontoja ja miettimään, ovatko ne uskontoja.
Uskontokin voi olla ateistista. Filosofi Michael Martin on käsitellyt tällaisia kysymyksiä mm. buddhalaisuudesta. Sen erään haaran väitetään olevan ateistista, toisen haaran taas ei. Käsittely vaatii buddhalaisuuden eri suuntien näkemysten selvittämisen. Oliko alkuperäinen buddhalaisuus (500 eaa paikkeilla) ateistista vai ei, onko joskus näiden 2500 vuoden aikana mahdollisesti ollut ateistiseksi katsottava suuntaus, onko jokin nykyisistä buddhalaisista suurmiehistä kenties ateisti? Ateismilla on myös eri lajeja. Sitä on kapeaa ja laajaa, positiivista ja negatiivista, se voidaan rajata luojajumalan kieltämiseksi ja sallia muun kaltaisia jumalia. Pohdinnan tulos on tyyliä "se ja se suuntaus on ateistista kapeassa merkityksessä mutta ei laajassa, vaikka se ja se tutkija on tästä eri mieltä, koska ... toisaalta..."
Edellä lainattu on filosofiaa. Sen menetelmillä voi osoittaa olemassaoloväitteitä vääriksi, jos uskoo logiikkaan ja ajattelee, että jonkin ristiriitaiseksi toteaminen tekee asiasta myös todellisuudessa mahdottoman. Toisaalta on hyvin helppoa keksiä olioita, joiden olemattomuus on mahdoton osoittaa sekä käytännössä että logiikan avulla. Jos niillä on historiallinen olemassaolon oikeus ja jos ne ovat peräti pyhiä, niiden tode-

lisuuden kieltäminen yritetään estää julistamalla se moraalisesti pahaksi. Tieteellinen kanta on yleensä se, että väitteen esittäjän on osoitettava se todeksi konkreettisten havaintojen avulla. Toinen sääntö on, että on ainakin periaatteessa oltava tapoja, joilla se voidaan empiirisesti osoittaa vääräksi. Puhutaan todistustaakasta ja falsifioituvuudesta.

ApologetiikkaWiki sivustolla esitetään filosofinen jumalattomuus-todistuksen heikko muoto:

1. Vain sellaisten olioiden olemassaoloon on järkevää uskoa, jotka ovat tieteellisiä eli joiden puolesta on esittää havaintoihin ja kokeisiin perustuvaa evidenssiä.
2. Kristinuskon Jumalan olemukseen kuuluvat vapaa tahto, kaikkivoipuus ja arvaamattomuus, joten mikä tahansa havainto sopii yhteen tällaisen Jumalan kanssa. Jumalan olemassaolo ei siis ole edes periaatteessa kumottavissa.
3. Jumala ei ole sellainen olio, jonka olemassaoloon on järkevää uskoa.

Sivuston laatija toteaa, että "tässä muodossaan argumentti on enää subjektiivinen kannanotto, jonka mukaan Jumalan olemassaolon puolesta esitetty todistusaineisto ei ole riittävää. Tässä vaiheessa onkin syytä kysyä, mikä sitten olisi riittävää. "

Ateistit ovat puolestaan usein esittäneet kysymyksen, mikä teisteille riittäisi todistamaan, että Jumalaa ei ole. Luultavasti he vakuuttuisivat vain, jos Jumala itse sen heille kertoisi. En tiedä, ovatko ateistifilosofit koskaan käyttäneet edellä esitettyä olemattomuustodistusta. Teistifilosofit kehittävät näitä mielellään ateistien puolesta ja sitten kumoavat ne.

Juttu jatkuu väitteellä "jos ateisti haluaa johdonmukaisesti soveltaa yllä olevaa päättelyä, hän ei voi uskoa esimerkiksi yhdenkään sellaisen ihmisen olemassaoloon, jota Jumala ei ole luonut. Koska ei ole mahdollista todistaa, että on olemassa ihminen, jota Jumala ei ole luonut, ei todistustaakan periaatteen mukaan ole perusteita uskoa ainakaan sellaisten ihmisten olemassaoloon, joita Jumala ei olisi luonut."

Tähän riittänee todeta, että Luoja varjelkoon meitä filosofeilta.

21

Miten teologit yrittävät karata tieteen torahampaista

Positivistisen tieteen vaatimus yksinkertaisesta lähtöoletuksesta, joka kattaa suuren joukon ilmiöitä, toteutuu teismissä loistavasti. On yksi Jumala, joka selittää kaiken, mitä on olemassa. Teologi Richard Swinburne on väittänyt, että "teismi postuloi ainoaksi syyksi henkilön, jolla on ääretön voima, ääretön tieto ja ääretön vapaus." Tätä hän väittää yksinkertaiseksi selitykseksi. Richard Dawkins kysyy Swinburnen puolesta, mikä voisi olla yksinkertaisempaa ja vastaa (ei ehkä Swinburnen puolesta), että oikeastaan melkein kaikki. (*Richard Dawkins Jumalharha Terra Cognita 2007 s. 163*)
Tiedemiehet eivät yleensä ole innokkaita ottamaan kantaa Jumalan olemassaoloon. Monet toteavat, että he tutkivat luontoa, joten yliluonto on heidän aihepiirinsä ulkopuolella. Näin on, jos yliluonnollinen ilmiö on niin yliluonnollinen, että sillä ei ole luonnossa havaittavia vaikutuksia. Mutta jos sen seuraukset jotenkin siinä tai ihmisen mielessä näkyvät, se putkahtaa saman tien tieteen ulottuviin. Jos tutkimus ei pysty selittämään ilmiötä luonnollisin syin, sitä voi pitää yliluonnollisena kunnes toisin todistetaan. Yleensä ei pidetä.
Kristinuskon Jumala on yliluonnollinen, mutta Hänellä on selkeitä tieteen käsiteltävissä olevia vaikutuksia ihmisiin ja luontoon. Victor J. Stenger käyttää kirjassaan God The Failed Hyphotesis *(Jumala epäonnistunut hypoteesi, Prometheus Books 2007)* puuttuvan todisteen argumentiksi kutsumaansa keinoa todistamaan kristinuskon Jumalan olemattomuus. Jumalalla on tarkasti määritellyt ominaisuudet, joiden pitäisi tarjota näyttöä Hänen olemassaolostaan. Jos sellaista löytyy, se puoltaa Jumalan olemassa-oloa. Jos ei löydy, kyseisen mallin mukaista Jumalaa ei ole.
Stenger määrittelee juutalais-kristillis-islamilaiselle Jumalalle mallin, jota hän kutsuu tieteelliseksi Jumalan teoriaksi. Se sisältää seuraavat väitteet(*Stenger s. 41*):
- Jumala on universumin luoja ja säilyttäjä
- Jumala on universumin rakenteen arkkitehti ja luonnonlakien asettaja
- Jumala muuttaa tapahtumien kulkua milloin vain haluaa myös vastoin omia luomiaan luonnonlakeja esimerkiksi vastatessaan

rukouksiin.

- Jumala on elämän ja ihmisen luoja ja säilyttäjä ja ihmiset ovat erityisiä suhteessa muihin elämänmuotoihin.
- Jumala on varustanut ihmiset ei-materiaalisilla ikuisilla sieluilla, jotka ovat olemassa heidän kehoistaan riippumatta ja määräävät henkilön persoonan ja itsen olemuksen.
- Jumala on moraalin ja vapauden, oikeudenmukaisuuden ja demokratian kaltaisten inhimillisten arvojen lähde.
- Jumala on ilmoittanut totuudet kirjoituksissaan ja puhumalla suoraan valittujen yksilöitten kanssa kautta historian
- Jumala ei tarkoituksellisesti kätkeydy inhimilliseltä olennolta, joka on halukas löytämään todisteita hänen olemassaolostaan.

Näin määritellyllä Jumalalla täytyy olla selkeästi havaittavia vaikutuksia maailman menoon. Kukaan ei vain pysty selittämään, miten Hän yliluonnollisesta olotilastaan käsin luonnolliset tekonsa tekee. Stenger ajattelee, että koska universumin synty, luonnonlait ja moraali voidaan selittää ilman oletusta Jumalasta niiden takana, hypoteesi on perusteeton.

Ei-materiaalisen kehosta riippumattoman sielun olemassaolo on nykytieteitten valossa perin epäilyttävä väite. Raamatun kaltaisten kirjojen perustuminen Jumalan saneluun on niiden perin maallisen sisällön pohjalta vielä epätodennäköisempää. Joka tapauksessa oletetun yliluonnollisen vaikutukset luonnolliseen maailmaan ovat tieteen ulottuvilla, joten teistit eivät voi tämän perusteella torjua sen käyttämistä uskontojen sisältöjen käsittelemiseen.

Stenger nojaa empirismiin. Rationalismi tarkoittaa ajatusta, jonka mukaan tiedon tärkein lähde on järki. Se olettaa, että ainakin osa tiedosta on synnynnäistä. Esimerkiksi ajatus Jumalasta voisi olla tällaista.

Filosofia luottaa rationaalisuuteen. Teologia joutuu turvautumaan filosofian keinoihin, koska empiiriset tuottavat tiedemiesten käsissä vääriä tuloksia.

Alvin Plantinga on yksi niitä filosofeja, joista Luojan pitäisi meitä varjella. Hänen lukemisensa selittää, miksi ei varjele. Hän on Luojan puolella ja niin vaikeaselkoinen maallikon silmin, että harva lukee häntä vapaaehtoisesti.

Plantinga perustelee Jumalan olemassaoloa Sennettin tulkinnan mukaan tyyliin "jos teistinen Jumala on olemassa, vaikuttaa aivan ilmeiseltä, että hän muokkaisi maailman ja ihmiset sellaisiksi, että ihmiset voisivat rationaalisesti uskoa, että Hän on olemassa." (*Martin Ateismi s. 173*) Plantinga us-

23

koo, että kysymystä Jumalan olemassaoloa koskevan uskomuksen rationaalisuudesta ei voi erottaa kysymyksestä siitä, onko kyseinen uskomus tosi. Sitten vain todistamaan, että uskomus on rationaalinen. Se on paljon helpompaa kuin suora havaintoihin perustuva näyttäminen. Plantingan tyylisiä Luojan puolustamisia voi kunnioittaa rehellisestä älyllisestä asenteesta. Maallikot eivät heitä lue. He lukevat selityksiä, joita popularisoijat esittävät tyyliin "nerokkaat filosofit ovat esittäneet nerokkaita argumentteja, joilla Jumalan olemassaolo on nerokkaasti osoitettu." Sitten he kertovat toisilleen, että "nykyajan filosofia on todistanut, että Jumala on olemassa." Minun pakinointini on popularisoinnin popularisointia. Toivon, että lukijani, joita filosofia ei kiinnosta, toteavat, että tiedemiehet ovat osoit-taneet, että filosofialla ei Jumalan olemassaoloa pysty mitenkään osoitta-maan.

Yliopistoissa koulutetut teologit tietävät, että tieteen tulokset ovat ristiriidassa uskontojen väitteitten kanssa. He tietävät myös, että tieteen tulosten mitätöinti siitä vähät välittävien ihmisten mielissä ei vaadi tiedettä. Ylväs tunteisiin vetoava sanoittelu riittää.

He aloittavat väittämällä, että Jumalaa ei voi käsitellä tieteen keinoin. Tämä ei pidä paikkaansa, jos Jumala määritellään riittävän tarkasti. Mutta teologit ovat liukkaita juutaksia ja kieltävät tieteen useammilla kuin kolmella tavalla ennen järjen kukon yhtäkään kiekaisua.

Yksi tapa on syyttää uusateisteja siitä, että nämä eivät ymmärrä nykyteologiasta mitään. He hyökkäävät sellaista Jumalaa vastaan, jota ei enää ole olemassa. Lainaan Dennettin kirjasta Lumous murtuu kohtaa (*s. 227*), missä hän kertoo jonkun Simon Oliverin sanomaa jonkun Dennis Turnerin kirjasta Faith Seeking: "...modernin ateismin hylkäämä jumala ei ole puhdasoppisen nykyaikaa edeltävän kristikunnan Jumala. Jumala ei ole minkäänlainen asia, jonka olemassaolo voidaan hylätä samalla tavalla kuin joulupukin olemassaolo hylätään. Turnerin jumala, joka perustuu suurelta osin keskiaikaiseen mystiikkaan, on syvällisen apofaattinen, kokonaan toisenlaista ja viime kädessä tuntematonta pimeyttä. Aloitamme matkamme tähän toiseuteen ymmärtämällä, että olemassaolomme on armolahja. "

Sanoman ymmärtäminen vaatisi armolahjaa, jota minulle ei ole suotu. Apofaattinen kuulemma tarkoittaa, että todellisuus on sanoinkuvaamaton ja että ihmisen äly eri riitä sen kuvaamiseen ja käsittämiseen, vaikka tämä lopullinen todellisuus voidaan esittää ymmärrettävänä. Näin syvällisen tekstin edessä ei voi muuta kuin antautua.

Stengerin Jumalan olemattomuustodistusta voidaan heikentää karsimalla hänen esittämäänsä ominaisuuksien luetteloa. Todellisen hädän hetkellä niistä kaikista luovutaan. Tai väitetään, että Jumala ei ole olemassa samalla tavalla kuin ihminen on. Teologi John Haughtin kommentti kertoo pätevän pakokeinon: " Uskovatko uudet ateistit tosissaan, että jos äärettömän kauneuden ja rajattoman rakkauden persoonallinen Jumala todella on olemassa, todisteet tämän Jumalan olemassaolosta voitaisiin koota niin halvalla tavalla kuin jonkun tieteellisen hypoteesin todisteet?" (*Victor J. Stenger The New Atheism s. 70* Prometheus Books 2009) Jos taas halutaan herätellä paheksumisen kaunista tunnetta, närkästellään Laura Schlessingerin tavoin: " Kun ihmisen rajatulla älyllä on röyhkeyttä teeskennellä kykyä analysoida Jumalaa, niin..." (*Michael Shermer How We believe xvi A.W.H.Freeman/Owl Book*)

Nämä ovat tapoja, joilla herkistellään lukijan mieliin autuas tunnetila, joka estää tätä käyttämästä järkeä uskontojen dogmeihin. Siihen ei Lutherinkaan mukaan saa hairahtua.

Stenger osoittaa, että perinteistä kristinuskon mallaamaa Jumalaa ei ole. Myös teologit ovat sitä mieltä, että Häntä ei ole. Hän nyt vaan on olemassa toisella tavalla. Hänellä on ominaisuuksia, jotka ovat samanlaisia kuin meillä tavallisella tavalla olemassa olevilla, mutta Hän on silti selittämätön.

Jumala on siis olemassa ja ei ole olemassa. Kvanttifyysikot väittävät, että alkeishiukkasilla, joita ei oikeastaan ole, ei ole mitään ominaisuuksia ennen kuin ne mittauslaitteistolla määritetään. Luoja on varsinainen Mahtialkeishiukkanen, joka on olemassa kun uskovan aivot Hänen rakkautensa mittaavat.

Pakinoitsija valmistelee henkistä irtautumistaan aineellisen todellisuuden kourista

Olen varovainen mies myös näissä henkisissä jutuissa. En uskalla rynnätä suoraan meditoijien mainostamiin ylimpiin sfääreihin, koska sinne pääseminen edellyttää itsen tuntemuksen tappamista. Samalla on vaarassa oman Egon surkastuminen. Itsen kokeminen tarkoittaa tietoisuutta, joten jonkinlainen käsitys siitä, mitä se on ja miten se on syntynyt, on tarpeen. Jos myöhemmin joudun henkisellä polullani liian korkealle, tiedän sitten, miten voin tietoisuuteni palauttaa ja sen mukana alkaa taas nauttia itsekkyyteni hedelmistä.

Ihmisillä lienee yleisesti edelleen se käsitys, että henkinen elämä on irrallaan kehomme aineesta. Sielu voi kuoleman koittaessa livahtaa aivokopan neuronien kokemaa katastrofia karkuun omille teilleen.

Jos teologit unohdetaan, tiedemiesten käsitys on toinen. Mieli on aivojen toiminnan tulos. Mitään neuronien ilottelusta erillistä sielua ei ole. Henkisyys on tiukasti aineellisen perustan varassa eikä sitä erillisenä aineettomana oliona ole.

Ihmisen evolutiivista kehitystä ovat ohjanneet elossa pysymisen ja lisääntymisen tarpeet. Sitä kautta ovat määräytyneet myös aivojemme ominaisuudet.

Jos uskovia on uskominen, henkisyytemme huippu on usko Jumalaan. Koska Hänen oletetaan takaavan meille eloonjäämisen maksimin ikuisen elämän, yhteys maalliseen lähtökohtaan on selvä. Tämän kehityksen alkuna voimme pitää yksittäisen solun "halua" pysyä elossa. Ihmisen solujen joukon kollektiivinen tahto on muuttunut koko kehon kaipuuksi jatkaa oloaan. Vanhetessaan hän kokee kehon rapistumisen ja sen toimintojen heikkenemisen perin konkreettisesti ja joskus tuskallisesti. Sen elämän jatkuvuutta on vaikea kuvitella ja usein edes haluta. Tietoisuus itsestä on tuottanut ajatuksen sielusta, joka on aineeton olio eikä näin mätäne. Se on parempi ehdokas ikuisen elämän viettäjäksi.

Vielä henkisempää on toivoa kanssaihmisen päätymistä helvettiin. Ajatus on henkisessä kehityksessä korkeammalla kuin ajatus taivaasta, koska siinä on ihmiselle ominainen ja yhteiskuntien moraalille tarpeellinen toive kostaa. Tämä puolestaan kertoo sen, että henkisyyteen automaattisesti liitetty positiivinen arvovaraus ei ole aina ansaittu.

Tietoisuus on käsite, jonka merkitys vaihtelee eri kirjoittajilla. Sitä pidetään myös niin vaikeana selittää, että osa tutkijoista sanoo sen olevan mahdotonta. Antonio Damasio on kirjoissaan Tapahtumisen tunne ja Itse tulee mieleen (Terra Cognita 2000 ja 2011) esittänyt omat versionsa. Hänen mukaansa tietoisuus on mielentila, jossa on "tietoa omasta olemassaolosta ja ympäristön olemassaolosta" (Itse tulee mieleen s. 155). Hän erottaa ydintietoisuuden ja laajentuneen tietoisuuden eri lajeiksi. Ydintietoisuus on "aistimus tässä ja nyt, jota menneisyys ei rasita ja tulevaisuus vielä vähemmän". Laajentunutta hän kutsuu omaelämäkerralliseksi tietoisuudeksi. Siinä "merkittävä osa yksilön elämästä nousee esiin ja sekä menneisyys että ennakoitu tulevaisuus dominoivat tapahtumia." (Itse tulee mieleen s. 165. 166)

Damasio jakaa itsen esi-itseen, ydinitseen ja omaelämäkerralliseen itseen. Esi-itse on kehon säätelyyn elossapysymisen tarpeiden mukaan keskittyvä minä. Se tuottaa tähän liittyviä tunteita, joita Damasio kutsuu alkutunteiksi. Kun esi-itse muuntuu eliön ja esineen vuorovaikutuksen seurauksena, syntyy ydinitsen pulssi. Tämä esine voi olla myös sisäistä ja henkistä lajia. Kun vaikkapa omaan elämäkertaan liittyvät muistot ja tunteet laittavat ydinitsen sykkimään niin, että syntyy yhtenäisiä ja johdonmukaisia hahmoja, yksilö kokee sen itsen, mitä egoksikin kutsutaan. (Itse tulee mieleen s. 177)

Luonnehdinnat ovat perin tiedemiesmäisiä eikä kunnon ymmärrystä synny lukemalla pelkästään ne. Koska tämä on pakina, siihen en edes pyri. Lukemalla kirjat pariin kertaan saanee asiasta jonkinlaisen kuvan. Jos myöhemmin lukee Tollen tapaisten henkisten gurujen tietoisuuksista, huomaa, että ihan eri asiasta puhuvat.

Tietoisuus on oman itsensä tietämistä. Tätä kykyä kaikilla eläimillä ei ole, joten ne eivät koe itseään omana erillisenä minänä. Meditaation harrastajat väittävät pääsevänsä vastaavaan eläimelliseen tilaan, jossa Itsen kokemus on hävinnyt. He kehuvat korkeammasta tietoisuuden tilasta, mutta se on sitä uskonnollista kukkaiskieltä. Tutkijat puhuvat mieluummin erilaisista tietoisuuden tiloista. Jos Damasion määrittelyyn uskoo, se ei ole tietoisuutta ollenkaan. Korkeintaan se vastaa hänen ydintietoisuuttaan.

Damasio pitää jokaisen elävän olennon olennaisimpana asiana elimistön sisäistä tasapainoa, jota homeostaasiksi kutsutaan. Fysiologiset ja biokemialliset palautejärjestelmät pitävät esimerkiksi veren hiilidioksidipitoisuuden, happamuuden ja lämpötilan arvot tarkasti rajatuissa haarukoissa. Verenkierrossa olevien perusravinteitten sokerien, rasvojen ja proteiinien määrät vaikuttavat siihen, miten onnelliseksi olomme koemme. Ärtymyksen taustatunne kertoo tietoiselle mielelle, että olisi syytä tehdä jotain. Ei-tietoiset prosessit eivät enää kykene jotain homeostaasin parametria oikeaksi säätämään. (*Itse tulee mieleen s. 50, 56*)

Homeostaasi syntyi eliöissä, joilla ei ollut mieltä saati sitten tietoista sellaista. Solujen taustalla vaikuttavat niissä olevat geenit, jotka koostuvat DNA:sta ja RNA:sta, siis molekyyleistä, jotka tuntevat hylkimis- ja vetovoimia toisiinsa. Niitä voisi jossain mielessä kutsua vaikka kemiallisiksi tai fysikaalisiksi arvoiksi. Tyydyn seuraavassa biologisiin arvoihin.

Damasion mielestä biologiset arvot ovat kaikkien arvotusten alku. Käyttämällä homeostaasia lähtökohtana ihmisen onnen tilaa voisi ilmaista luettelemalla kaikki elimistön aineitten ja tilojen kemialliset ja fysikaaliset ihannelukuarvot ja väittää, että onni on nyt redusoitu biologian alapuolelle fysiikkaan ja kemiaan. Kaikki tietysti haluaisivat tietää, mihin maksan parametrien arvoihin tulisi pyrkiä ollakseen onnellinen, mutta koska en pysty jatkamaan siitä kvanttikenttäetiikkaan saakka, en sitä tietoa yritä etsiä. Kerron sen sijaan, miten toimijuus, arvo ja merkitys selittyvät Kauffmanin minimaalisen autonomisen molekulaarisen toimijan kautta. (*Stuart Kauffman Pyhän uudelleen keksiminen s. 96 Terra Cognita 2010*)

Ollakseen toimija tällaisen otuksen täytyy toimia. Se vaatii kykyjä havaita ja valita. Kauffman esittää oliolle myös muita sen olemukseen liittyviä ehtoja, joista intiimein on kyky lisääntyä. Bakteerit ja useimmat elimistön solut täyttävät nämä ehdot. Bakteeri pyrkii saamaan ravintoa pysyäkseen elossa ja valitsee uinnin lisääntyvää sokeripitoisuutta kohti. Kauffmanin mielestä siitä seuraavat sitten merkityksen, arvon, tekemisen ja tarkoitusten olemiset ilman, että siihen tarvitaan tietoisuutta. Näin ne ovat käynnistyneet aikanaan evoluutiossa, ne ovat todellisia maailman olioita eikä niitä voi selittää alkeishiukkasten hyörinnällä.

Hyppy fysiikasta biologiaan tuo meidät lähemmäs Jumalaa varsinkin, kun myös etiikan synty selittyy samalla. Tästä päästään vielä ikään kuin ylimääräisenä bonuksena filosofi David Humen 1700-luvulla esittämään moraalifilosofeja edelleen rääkkäävään väitteeseen, jonka mukaan siitä, miten asiat ovat, ei voi päätellä, miten niiden pitäisi olla. Vaikka viisaat teologimme kuinka inttävät, että tiede ei voi sanoa mitään arvoista, niin Stuart se näiden tieteellisten faktojen perusteella tuomitsee Humen olleen sekä oikeassa että väärässä. (*Kauffman s. 105*)

Ihmisen soluilla on biologisessa mielessä omat tahtonsa. Elimistön eri osat muodostavilla solujoukoilla ovat edelleen omat kollektiiviset halunsa ja omat arvonsa. Neuronit avustavat muita soluja pitämään kehon elossa kuljettamalla viestejä solukoneistoista toisiin ja lopulta aivoihin. Niissä on neuroni-verkostoja, jotka matkivat kehon tilaa luoden sen osille eräänlaiset virtuaalivastineet. On olemassa maksaan kytkeytynyt verkosto, jossa tässä elimessä esiintyvät prosessit ovat lumemaksan ja muiden aivojen osien tiedossa. Kun sen arvot ovat kovan uhan alaisina, ne saavuttavat myös tietoisen kokemuksen tason. "Hyvä henkilö, sinun pitäisi lopettaa alkoholin käyttö!" se kenties vihjaa aikaansaamalla kivun tunteen. Maksan arvot ovat uhanalaiset (maailmaa koskeva fakta), mistä seuraa normatiivinen väite "pitäisi lopettaa alkoholin käyttö." Hume on näin kumottu. Moraalin kannalta olisi vielä tehokkaampaa, jos maksa pystyisi puhumaan ääneen. Nestemäiseen ilotteluun käytetyn illan jälkeen ei sen nalkutuksen takia uskaltaisi mennä ihmisten ilmoille, vaan jäisi mieluummin yksin kodin seinien sisälle. Ehkä se selittää syrjäytyneet?

Pakinoitsija räpistelee edelleen materialismin mudissa

Munuaisten ja maksojen saati sitten sydänten arvot ovat helposti käsitettävissä elossa pysyttelyn näkökulmasta katsoen. Kulttuurin tuotosten arvostamisten kytkennät homeostaasiin ovat vaikeammin uskottavissa. Ajatellaan vaikka sitä, miten monet kanssaihmiset tuntevat halua tappaa isänmaansa lipun polttajat tai pyhiä kirjojaan loukkaavat samalla tavalla kuin muinainen esi-isä suuttui, kun lemmenhetki estyi. Perin maallisesta lisääntymiseen liittyvästä emootiosta on jalostunut henkisestä yllykkeestä laukeava tunnekokemus. Monet epäilevät sanomalla, että "on mahdoton käsittää, miten lisääntymiseen tähtäävä evoluutio pystyisi tuottamaan jotain näin ylevää." He tarjoavat ainakin piilotietoisesti vaihtoehdoksi Jumalaa, mitä selitystä minun on puolestani mahdoton käsittää.

Damasio erottaa emootiot ja tunteet toisistaan. Emootiotila voi laueta ja toteutua piilotietoisesti. Se voi synnyttää tunteen, jonka yksilö kokee. Tämä tunnetila voi olla piilotietoinen tai tietoinen niin, että sekä emootion että tunteen saanut tietää siitä. En tiedä, onko tällainen jako yleisesti hyväksytty. Yleensä kirjoittajat puhuvat emootiosta ja tunteesta kuin ne olisivat sama asia. (Tapahtumisen tunne s. 42)

Universaaleja emootioita ovat onnellisuus, surullisuus, pelko, viha, yllättyneisyys ja inho. Luettelo on eri kirjoittajilla erilainen. Vihan vastakohdaksi voisi liittää henkisyyttään korostaakseen rakkauden. Nolous, mustasukkaisuus, syyllisyydentunto ja ylpeys ovat sosiaalisia emootioita. Hyvänolontunteen tai jännittyneisyyden kaltaisia voi kutsua taustaemootioiksi. (Tapahtumisen tunne s. 54)

Nimet kertovat suoraan niiden merkityksestä ihmisten toimintojen motivoijina. Alun perin ne ovat olleet ja ovat tietysti edelleen kehon keinoja ylläpitää elämää. Ne ovat biologisia säätölaitteita, jotka tuottavat reaktioita eri tilanteisiin. Pedon näkemisen aiheuttama emootio käynnistää saaliseläimen jalat ja alastoman oman lajin yksilön näkeminen käynnistää... no, se riippuu siitä, kumpaa sukupuolta osapuolet sattuvat olemaan. Toinen tehtävä liittyy edellisiin: juokseminen vaatii enemmän verta kinttuihin ja se toinen toiminto taas enemmän verta... riippuu taas sukupuolista. (Älköön pakinoitsijaa syytettäkö väkivallan ja seksin ylikorostamisesta. Minun on

pakko keskittyä evoluution kannalta oleelliseen. Muistakaa, että amerikka-
laisen elokuvankin suosio perustuu ihan samaan.) Palkinto ja rangaistus esittävät ihmisellekin tärkeää kaksijakoisuutta. Edelli-
set esimerkit osoittanevat niiden osuuden elämän ylläpidossa. Tärkeät mo-
raaliset hyvän ja pahan käsitteet ovat nekin elämän säätelyn emootioista,
aika monen mutkan kautta toki, syntyneet.

Emootiot käynnistyvät ärsykkeistä, joiden ei tarvitse olla enää evoluution
myötä syntyneitä biologisia sellaisia. Ehdollistumiseksi kutsutun oppimis-
mekanismin myötä mikä tahansa maailman aineellinen tai henkinen esine
voi laukaista emootion ja tuottaa sitä vastaavan tunnetilan. Damasio perus-
telee homeostaasille antamaansa merkitystä väittämällä, että näin miltei
jokainen kokemuspiirimme esine tai tilanne voi liittyä homeostaattisen sää-
dön perusarvoihin. Niitä ovat palkinto tai rangaistus, nautinto tai kipu, lä-
hestyminen tai vetäytyminen, henkilökohtainen etu tai haitta, hyvä tai paha
eloonjäämisen mielessä.

Damasio tarjoaa lohtua tämän maallisuuden nujertamille kertomalla, että
ihmisillä on järjeksi kutsuttu keino säädellä emootioitten kaiken kattavaa
tyranniaa. Hän muistuttaa valitettavasti samalla, että sen säätövoima on
varsin vaatimaton. Sekin näet tarvitsee toimiakseen emootioita. (Tapahtu-
misen tunne s. 60, 61)

Tätä pakinaa kirjoittaessani minusta alkoi tuntua, että henkinen liitelyni oli
jo ainakin kiitoradalla vaiheessa, jossa vauhtia kiihdytetään niin, että se jo
kehossa tuntuu. Olin nousemassa pois biologisten arvojen pohjamudista
kohti kauneutta ja ylevyyttä. Uskoani lisäsi Damasion tarinointi aivosaaresta
(Itse tulee mieleen s. 118). Se laukaisee moraalille tavattoman tärkeän
emootion inhon. Alun perin tämän emootion tarkoitus oli maun ja hajun
avulla välttää syömästä pilaantunutta ja myrkyllistä ruokaa. Se on jalostu-
nut huomaamaan henkisiä epäpuhtauksia tai niiden sekoituksia fyysisten
kanssa, mitä kautta se on halveksunnan taustalla.

Tämä tunne on jaloa silloin, kun se kohdistuu moralisesti tuomittavaan
käytökseen. Muuten ei.

31

Pakinoitsija yrittää uskoa, että ulkoinen todellisuus ja erillisyys ovat harhoja, mutta turvautuu väärään guruun.

Henkisyyden oppaissa kerrotaan, että ulkoinen todellisuus on illuusio. Erillisyyden kokeminen muihin olioihin on myös harhaa, sillä kaikki on yhtä. Tämä seuraa luonnostaan siitä, että erillisen itsen tunteen mahdollistava Egon mellastelu vaimennetaan.

Tähän päätyminen olisi minunkin kehitykseni kannalta suotavaa. Toisaalta minulla on ikävä taipumus vaatia, että uskomusteni pitäisi olla sekä tieteellisesti että älyllisesti perusteltuja. Vaadin niiltä useamman kuin yhden dopamiinilirauksen aiheuttamista päätyäkseni niitä kannattamaan.

Ryhtyä kertarysäyksellä tietämään todellisuus ja erillisyys illuusioiksi oli liian uskalias hyppy henkisyyteen. Jouduin käyttämään välivaiheena Chris Frithiä. Hän väittää, että yhtenäisyyden kokeminen ulkoisen maailman ja oman kehon kanssa on illuusiota. Näin hän kiteyttä ajatuksensa: "Ajattelen, että minulla on suora kontakti fysikaaliseen maailmaan, mutta se on aivojeni luoma illuusio. Aivoni luovat malleja fysikaalisesta maailmasta yhdistäen aistisignaaleja ennakko-odotuksiini, ja ne ovat nämä mallit, joista minä olen tietoinen. Saan tietoni mentaalisesta maailmasta – toisten mielistä – samalla tavalla ... kontaktini mentaalisen maailman kanssa ei ole sen suorempi kuin kontaktini fysikaalisen maailman kanssa." (*Frith, Chris (2007-05-08). Making up the Mind: How the Brain Creates Our Mental World (Kindle Locations 2461-2462). John Wiley and Sons. Kindle Edition.*)

Kuulostaa siis täysin pyrkimysteni vastaiselta. Vastoin meditoijien mielipiteitä Frith sanoo, että ihminen ei tunnekaan mitään erillisyyksiä vaan päinvastoin yhtenäisyyksiä ja juuri ne ovat illuusioita. Hän ei myöskään suostu julistamaan ulkoista todellisuutta olemattomaksi. Hän selittää, miten aivot luovat siitä mallin. Suoran kosketuksen tunteminen kehon ulkopuoliseen maailmaan syntyy, kun ihminen toimii mallin tekemien ennusteitten perusteella ja samalla piilotietoiset prosessit vertaavat tulosta todellisuuteen. Vääriä akteja korjataan koko ajan ilman, että ihminen on siitä tietoinen. Hän ei näin huomaa, miten paljon työtä tämä uppoutuminen vaatii ja siitä kokemuksen vaivattomuuden harha syntyy. Missään tapauksessa Frith ei kelpaa henkisyyden guruksi, koska hän uskoo edelleen todellisuuden olevan aivojen luomien mallien perustana, vaikka ne illuusioiksi julistaakin.

Mallin pitää vastata totuutta vain sen verran, että toiminta onnistuu. Vertaaminen muiden kallojen sisältöihin kävi mahdolliseksi puheen kehittyessä, jolloin alkuihmiset pystyivät erottamaan epätoden todesta tai ainakin huonomman paremmasta. Kirjoitustaito mahdollisti mallien vertaamisen sukupolvien yli, mikä oli tieteenkin synnyn edellytys. Kun ihmiset sitten kehittivät joka päiväisen elossa selviämisen suhteen tarpeettomia uskomuksia, joita ei enää pystytty kunnolla testaamaan todellisuutta vastaan, alkoi loputon kina siitä, mikä on totta ja mikä valetta. Jos esi-isäisä väitti urhealle pojalleen, että leijonan härnääminen ei ole terveellistä, sen totuus oli helppo kokea. Väärä luulo kuoli, kun leijona söi sen. Jos hän väitti, että täydelle kuulle pyllistäminen saa Kuun jumalan suuttumaan, riitti, että poika uskoi. Perustelut olivat mahdottomia ja myös tarpeettomia. Luolamiehen elämä oli niin vaarojen täyttämää, että aina sattui onnettomuuksia, jotka voi julistaa suuttumisen todisteiksi. Näin osan ihmisistä sai aina uskomaan mitä tahansa.

Sama pätee tänäkin päivänä. Samoin jos jonkin uskomusten joukon vaalijat epäilevät, että heidän pyhät mielipiteensä voidaan kyseenalaistaa jos ei testaamalla niin ainakin järkeilemällä, moinen estetään julistamalla epäily ensin pahaksi. Jos ei sekään auta, niin käytetään tuota pätevää esimerkkini leijonan soveltamaa keinoa. Sen pätevämpää totuuden kriteeriä ei ole.

Frithin mielestä aivojen ja mielen yhteys on kiinteä, mutta ei täydellinen. Aivojen aktiviteetissa voi olla muutoksia ilman seurauksia mielessä. Mutta mielen muutokset vaativat aina muutoksia aivoissa. Jotkut aivovauriopotilaat eivät esimerkiksi muista eilisen tapahtumia, mutta oppivat motorisia taitoja pysyvästi. Aivot tietävät taidot, mutta eivät kerro tietoiselle mielelle. Vauriot näkökeskuksissa aiheuttavat joskus kyvyttömyyden havaita liikkeitä. Esine putkahtelee esiin eri paikoissa, mutta se ei näytä liikkuvan. Aivot voivat myös valehdella kantajaparalleen niin, että tämä kokee tapahtumia, jotka ei todella ulkomaailmassa ole. Ihminen voi kuulla ääniä ja nähdä näkyjä. Hän voi kuvitella jonkun muun laittavan hänet tekemään jotain hänen sitä tahtomattaan. Hän voi myös sepitellä tarinoita, joiden aidosti uskoo olevan tosia.

Skitsofreenikot kokevat hallusinaatioita, jotka eivät ole todellisuudesta, vaan aivojen luomasta väärästä mentaalisesta maailmasta. Potilas itse ei voi erottaa niitä ulkomaailmasta tulevista aistimuksista. Tämä puolestaan antaa aiheen epäillä yleensäkin jopa terveiden aivojen luomaa käsitystä todellisuudesta. Tieto siitä saadaan ensin karkeiden aistihavaintojen välityksellä.

Aivojen on tehtävä niistä johtopäätöksiä ja ne voivat olla vääriä. Osa aivojen tietämästä ja sen tekemistä johtopäätöksistä ei koskaan nouse tietoisen mielen tasolle, mikä lisää erehtymisen mahdollisuuksia.

Frith luo lisää epävarmuutta kertomalla, että "suurimman osan ajasta et ole selvillä siitä, mitä teet. Olet selvillä siitä, mitä aiot tehdä. Niin kauan kuin aikomuksesi käyvät toteen, et tiedä, mitä liikkeitä todella teet." Yhteys omaan kehoonkaan ei siis ole niin suora, kuin kokemus kertoo.

Frithin mielestä oma keho on kuitenkin olemassa, mikä kertoo hänen henkisyytensä alhaisesta tasosta

Pakinoitsija oppii, mitä aivoissa pitäisi tapahtua, jotta hän alkaisi uskoa todellisuuteen, jota ei ole

Tutkijat kutsuvat mielen trilogiaksi kolmikkoa kognitio, emootio ja motivaatio. Kognitio on ajattelua, jota järkevät ihmiset arvostavat (kaikkea ajattelua ei liene syytä kutsua kognitioksi), mutta se ei onnistu ilman siihen kytkeytyviä tunteita ja niistä seuraavia haluja. Nämä puolestaan antavat sykäykset ihmisen ja eläinten tekemille toiminnoille, olivat ne sitten tietoisia tai tiedostamattomia.

Henkiset arvot perustuvat kehon eloonjäämisen ja eläimen lisääntymisen tarpeisiin. Ajatuksen voi viedä pitemmälle kertomalla, että ihminen on geeniensä kopioitumiseen kehittynyt kone. Geeni on DNA:n muodossa oleva pätkä informaatiota, jolle aineellinen elossapysyminen ei ole oleellista. Molekyylijaksot saavat kuolla, kunhan henkinen aines informaatio säilyy geenin kopioituessa yhä uusiksi molekyylijaksoiksi omissa ja jälkeläistemme soluissa.. Osa niistä periytyy miljardeja vuotta sitten eläneiltä bakteereilta, mikä on meidän elomme kestoon verrattuna pikkuriikkisen ikuisempaa.

Pavlovin, Thordiken ja Skinnerin kokeet ovat kuuluisia mielen tutkimiseen liittyviä testejä. Niillä he osoittivat, että eläimet saadaan kytkettyä johonkin mielivaltaiseen merkkiin (vaikka kellon soittoon) niin, että ne luulevat sen olevan syy, jonka seurauksena on palkinto (esim. ruokaa) tai rangaistus ( esim. sähköisku). Tämän kaltaisia oppimisen muotoja kutsutaan assosiatiivisiksi, joissa opitaan liittämään yhteen asioita, jotka seuraavat toisiaan. Jälkimmäisen pitää olla palkitseva tai rankaiseva eikä asioilla tarvitse olla todellista kausaalista yhteyttä keskenään.

Kun Skinner antoi häkissä olevalle kyyhkyselle jyviä epäsäännöllisin väliajoin ilman mitään edeltävää merkkiä, lintu alkoi toistaa käyttäytymistä, jota se oli ennen ruuan saantia sattunut tekemään. Eräs koelinnuista alkoi tanssahdella tekemällä kaksi tai kolme käännöstä vastapäivään luullen sen aukaisevan jyvähanat. Humella oli sanansa sanottavana tästäkin asiasta: kun näemme toisiaan seuraavia tapahtumia, emme saa päätellä niistä syy-seuraussuhteita. Mutta kyyhkyset niitä näkevät kenties siksi, että eivät osaa lukea. Samoin tekevät ainakin kaikki ne ihmiset, jotka eivät ole Humen ajatuksiin tutustuneet. Skinner kutsui tätä taikauskoiseksi oppimiseksi, koska todellisia syy-seurausyhteyksiä ei ole.

Aivojen neuronit johdottuvat näkemään kausaalisia yhteyksiä näin. Ne eivät pysty erottamaan, ovatko syy-yhteydet todella olemassa. Siihen pystyy vasta ihmisten aivojen muodostama kollektiivi vertaamalla eri aivojen aivoituksia keskenään ja luomaan tieteeksi kutsutun henkisen olion. Esi-isällemme oli terveellistä olettaa lehtien kahinan syyksi pedon hiiviskely pusikossa ja ottaa jalat alleen. Turha karku oli vain hyödyllistä fyysiselle kunnolle, mutta liika skeptisyys aiheutti kenties hengen menon. Olemme edelleen alttiita kehittämään ja pitämään kiinni uskomuksista, joille ei ole muuta perustetta kuin mahdolliset dopamiinin ja muiden kemikaalien aikaansaamat kytkennät hermosolujen synapseissa. Vääristä uskomuksista eroon pääseminen vaatii tiedettä.

Palkitseminen ja rankaiseminen ovat keinoja, joilla lapsia ja kansalaisia taivutellaan noudattamaan moraalisääntöjen kaltaisia välttämättömyyksiä. Niihin perustuvat myös kaikki arvokkaat ja vähemmän arvokkaat arvomme. Uskonnot ovat keksineet oman palkinto/rangaistuksen ikuisen elämän taivaassa/helvetissä ihan samassa tarkoituksessa. Rituaalit, joilla tämän palkinnon saantia varmistetaan, eivät paljonkaan eroa kyyhkysen pyörähtelyistä.

Henkisyyden maallinen pohja korostuu, kun tutkitaan, miten aivoihin syntyy kantajansa touhuja ohjaava arvojen kartta. Se perustuu raadollisiin palkintojen ja rangaistusten käyttöön yhtyneenä dopamiinin kaltaisiin arvomolekyyleihin. Toinen prosessien ominaispiirre on se, että kyseessä on tulevaisuuden ennustamisen oppiminen. Signaalit kytketään niitä seuraaviin tapahtumiin tai toimet siihen, mitä ne saavat aikaan. Oppijan ei tarvitse olla tietoisesti selvillä yhteyksistä, jopa niin, että niin ne omaksutaan tehokkaammin. ( *Frith, Chris Kindle Locations 1418-1419*)

Frith kertoo kokeista, joissa apinoille annettiin liraus mehua valon välähdyksen jälkeen. Aluksi niiden dopamiinisolut erittivät ainetta mehun juomisen yhteydessä, mutta alkoivat toistojen jälkeen reagoida valoon. Ne ennustivat, että pian palkinto saapuu. Tutkijat alkoivat sitten kiusata elukkaparkoja väläyttämällä valoa ilman mehun antamista. Nyt solujen aktiivisuus väheni ennustuksen pieleen menon myötä. Aktiivisuus kertoo, että ennusteessa palkinnon tulosta on virhe, koska aktiivisuus ei lisäänny myöskään mehua saataessa. Yllättäen annettu mehu lisää aktiivisuutta (positiivinen signaali)

ja tulematta jäänyt vähentää sitä (negatiivinen signaali). *(Frith Kindle Locations 1456-1457)*
Hermosolut ovat signaalien välittäjiä nekin. Kun sähköinen viesti saavuttaa hermon pään, se vapauttaa kemikaalin. Tämä ylittää aukon ja ärsyttää toista hermosolua. Solujen välistä aukkoa kutsutaan synapsiksi. Sen osuus kiinteitten kytkentöjen muodostumisessa on niin oleellinen, että eräs tutkija on antanut kirjalleen nimen Synaptinen itse vihjaten, että ihmisen Minä luuraa noissa aukoissa.

Frithin mielestä tämä on tapamme oppia selviytymään maailmassa ilman opettajaa. Väärä ennuste kertoo aivoille, että on syytä tehdä jotain. Ihmiset arvottavat maailman asiat näin siten, että ennustavan tapahtuman ja palkinnon/rangaistuksen välisen ajan pituus vaikuttaa arvon vahvuuteen. Kaihdamme matalan arvon asioita välttääksemme rangaistuksia ja haemme korkean arvon asioita saadaksemme palkintoja.

Tämä assosiatiivisen oppimisen mekanismi opettaa arvot, mutta ei kerro, miten ne sisältävät asiat saamme. Actor-critic malli selittää, että toimija valitsee suoritettavat toimet ja kritiikki sitten kertoo, miten meni kertomalla mahdollisista virheistä. Hyvä toimi tuo tilanteeseen, jonka arvo on suurempi kuin ennen sitä. Tällä tavalla toimija tietää, milloin alkaa polttaa ja on askeleen päässä palkinnosta. Nämä askeleet jäävät sitten aivoissamme olevaan maailman malliin. Mallin arvot ohjaavat toimiamme yleensä niin, että emme tiedosta niiden vaikutuksia. *(Frith Location 1490)*
Frithin mukaan aivoihin syntyy näin maailman kartta, jossa sen asiat on arvotettu ohjaamaan toimiamme. Suuntaamme sen avulla kohti asioita, jotka tuottavat palkintoja. Vältämme rangaistuksiin vievät toimemme jos mahdollista. Erilaiset tunnetilat ovat myös palkintoja tai rangaistuksia, joten moraalimme on myös kiinni tästä kartasta. Epämukavia tunteita tuottavia tekoja vältetään, joten jos aivojen arvokartassa toisen lyömiseen yhdistyy negatiivinen arvovaraus, sitä vältetään.

Varmuus on aivojen kognitiivis-emotionaalinen tila, joka voi syntyä eri tavoin. Ulkoinen tapahtuma voi houkutella neuronit järjestymään niin, että syntyy tähän liittyvä uskomus. Se voi olla jopa osittain totta. Entiset uskomukset voivat järjestyä uudelleen niin, että syntyy niiden sisäistä todellisuutta koskeva varmuus, joka perimmäiseksi totuudeksi sitten julistetaan. Sen takana ei tarvitse olla totuutta hitusenkaan vertaa niin, että vastaavaa ulkopuolista esinettä olisi olemassa.

Pakinoitsija kohoaa niin ylös ylevyyteen, että häntä alkaa pyörryttää.

Olin tässä vaiheessa Frithin ja Damasion opastamana päätynyt siihen, että henkisten arvojeni takana ovat täysin maalliset eloonjäämiseni ja hyvinvointini tarpeet. Täyteen hengen lentoon oli vielä pitkä matka. Tarvitsin uuden oppaan, joka ei jättäisi asioita puolitiehen, vaan kieltäisi kaiken maallisen. Sen tarjosi Eckhart Tolle, joka julistaa osoittavansa tien korkeampaan tietoisuuteen.

Tolle on saanut osan opeistaan buddhalaisuudesta, jonka käsitys jumalista poikkeaa juutalaisten, kristittyjen ja muslimien opeista. Yritin siis päätyä uskomaan buddhalaiseen jumalaan, jota ei ole. Olisi tietysti ollut parempi tutustua suoraan alkuperäiseen oppiin, mutta kun minulla nyt sattui olemaan Tollen kirjoja hyllyssäni ja lukulaitteellani, niin hyödynsin niitä.

Eckhart Tollen kirjan Läsnäolon voiman (Basam Books 2002) takakannessa kerrotaan, että hän on yksi aikamme innostavimpia mystikoita ja henkisen tien opettajia. Siis kenties minun tarpeisiini juuri sopiva guru. Valitettavasti olisin tarvinnut varsinaisen dopamiinin yliannoksen pystyäkseni nielemään Tollen perustelut uskomuksilleen. Sivulla 23 lukee, että "Tässä kirjassa esitetään uudelleen tuo kaikkien uskontojen yhteinen, ajaton ydin. Se ei ole peräisin mistään ulkoisista lähtökohdista, vaan yhdestä ainoasta sisäisestä lähteestä, eikä se siis sisällä mitään teorioita tai järkeilyä. Puhun sisäisestä kokemuksesta... tunnistat totuuden heti sen kuultuasi. Koet hurmiota ja tulet hyvin valppaaksi, kun jokin sinussa sanoo: " Kyllä! Tiedän, että se on totta!"" Kirjan loppupuolella (s. 213) Tolle lisää löylyä: "Eikä tämä ole uskoa. Se on täydellistä varmuutta, joka ei tarvitse tuekseen ulkoisia todisteita, ei todeksi todistamista."

Tolle osoittaa vakuuttavasti, että valitsemalla uskomusjärjestelmän perusasiat sopivasti, voi niiden perusteella väittää johdonmukaisesti, että objektiivista todellisuutta eikä kuolemaakaan ole.

Kristinuskon hapattamat ihmiset vaativat pappejaan vakuuttamaan, että he elävät ikuisesti. Pahimmassa tapauksessa he haluavat, että ei pelkästään sielu vaan myös keho nousee kuolleista. Ei ole oikein selvää, minkä ikäinen ja kuntoinen keho ylösnousemuksessa henkiin kipuaa, mutta harras uskova ei moisista joutavista yksityiskohdista huolestu.

Tolle tarjoaa kuolemattomuudesta erilaisen version. Se perustuu maailmankuvaan, joka ylittää henkisyydessään kaikki rajat niin, että livahtaa olemattomuuden puolelle: jos mitään maallista ei ole olemassa, ei ole myöskään mitään mikä kuolla voisi.

Tollen todellisuusselityksen ydin on seuraava: "On olemassa ikuinen, kaikkialla läsnä oleva Yksi Elämä elämän myriaadien muotojen takana, jotka ovat syntymän ja kuoleman kohteita. Monet ihmiset käyttävät siitä sanaa Jumala. Minä kutsun sitä usein Olemiseksi." Maailma syntyy, kun tietoisuus omaksuu ajatus-hahmoja ja aineellisia muotoja (*s. 106*). Oleminen on osa jokaista aineellista kappaletta. Valaistuminen tarkoittaa, että huomaa tämän olion sisällään, kokee ihan itsensä totuuden kaikesta ja pelastuu. Kuolema tarkoittaa palaamista tähän Olemiseen, tämän ikuisen Yhden elämän yhteyteen. Toisin sanoen erillisiä olioita ei sinällään ole, vaan ne ovat tietoisuuden luomia harhoja. Ihminenkin on osa tätä ikuista Olemista, ikuista elämää. Kun hän herää näistä harhoistaan, jotka saavat kuvittelemaan itsen erillisenä olentona, kuolema samalla katoaa hokkus pokkus.

Kuolema siis on ja ei ole. Se riippuu sanojen tulkinnasta. Jos pystyt uskomaan, että kehosi ja Egosi ovat harhakuvitelmia, joista kuollessasi pääset eroon, niin vaikka kuolet, se onkin pelkästään kiva juttu.

HarhaEgo luo HarhaKehon, joka kokee HarhaKuoleman? Olen varmaan käsittänyt tämän täysin väärin.

Tollen tietoisuus on jotain muuta kuin Damasion. Tämä pitää sitä ihmisen mielen sinä osana, joka tekee mahdolliseksi omasta itsestään tietämisen. Se ei luo itse mitään, vaan on ikään kuin ikkuna, jota kautta aivot näyttävät kantajalleen tuloksia aherruksestaan. Sen avulla ihmisen ei tarvitse tyytyä pelkkiin vaistoihinsa elämässä selvitäkseen. Samalla se on edellytys sille, että ihmiset ovat pystyneet luomaan uskonnot ja kulttuurit tieteineen ja taiteineen.

Tolle ehdottaa, että ihmiset voisivat paremmin, jos palaisivat takaisin (Damasion termein) ydintietoisuuden tasolle, jota menneisyyden ja nykyisyyden pulmat eivät rasita. Samalla loppuisi liika maailman saastuttaminen elokuvilla, kirjoilla ja abstrakteilla maalauksilla, mitkä ovat kaiken pahan alku ja juuri. (Tämä on kirjoittajan tulkinta, ei Tollen.)

Ehdotus toi mieleeni laitumella aurinkoisena kesäpäivänä käyskentelevän lehmän, jota pidetään rauhallisena ja stressittömänä otuksena. Kun sain tämän ajatuksen päähäni, yritys hengen lennoksi Tollen avustamana muuttui kuvitelmaksi siitä, miten lehmät liitelevät. Se siitä sitten.

Tolle vetoaa perusteluissaan muutaman kerran nykyfysiikkaan, jonka tulokset mukamas osoittavat jopa tuon olemattomuudenkin oikeaksi. Hänen kaiken takana olevaa elämänsä, josta tietoisuus mikä se nyt sitten onkaan luo kaikki oliot, voi rinnastaa kvanttikenttiin, josta hiukkaset syntyvät erilaisten värähtelyjen tuotoksina. Toinen vaihtoehtona on idea, jonka mukaan informaatio on perustavampi fysiikan suure kuin mitä aine ja energia ovat. Väite "Ihminen on saanut alkunsa kuin tietoisuus on omaksunut ihmisen muodon" voidaan tulkita DNA:n sisältämän informaation käsittein. DNA on perustavampaa kuin sitä kantava eläin tai kasvi, jotka ovat vain sen keinoja monistaa itseään ja näin säilyä elossa. DNA:n taakse voi halutessaan asettaa sen kantaman henkisemmän olion informaation, joka vastaisi Tollen tietoisuutta. Hän väittää elottomien olioittenkin sisältävän tämän tietoisuuden, jolloin myös kivi on tietoinen. Sen voi puolestaan selittää syntyneeksi aineesta luonnonlakien sisältämän informaation ohjauksessa.

Kuvitelkaa mielessänne nyt tämmöinen Infopappi, joka istuu harhaonnettoman HarhaEgon harhakuolinvuoteen ääressä ja lohduttaa tätä kertoilemalla lempeästi ja myötätuntoisesti, että "Voi hyvä harhaihminen, et sinä kuole! Olet DNA:n eloonjäämiskone vain, joten elämäsikin on harhaa. Rakkaat jälkeläisesi kantavat sinun isäntäsi DNA:n puolikasta, lastenlapsesi puolestaan neljäsosaa ja näitten lapset kahdeksasosaa... " En epäile hetkeäkään, ettei kuoleva tästä piristy ja luovu harhastaan onnellisena. Ainakin harhaonnellisena.

Informaatio on ikuista ja me osa sitä. Se olkoon lohtunamme.

Pakinoitsija huomasi, että hänen on mahdotonta uskoa objektiiviseen to-
dellisuuteen, jota ei ole olemassa. Hän kohosi liian ylös henkisyydessään ja
poltti siipensä. Epätoivoisena hän yrittää etsiä olemattomuuksille tieteel-
listä vahvistusta tutkimalla, mihin tietoisuuden muuttuminen perustuu.

Fyysikot kertovat tutkivansa objektiivista todellisuutta, jonka
olemassaolon Tolle kieltää. Zenin mestarit väittävät saavuttavansa
objektiivisuuden maksimin siinä mielessä, että kenshon ja satorin kaltaisissa
tietoisuuden tiloissa tarkkailijan Minä on sammutettu ja itsetön kokija näkee
objektiivisen todellisuuden, jota ei ole, suoraan. Tarkkaile siinä sitten
lentävää kappaletta ja laskeskele sen rataa. Ja muista, että kohde ei ole
sinusta erillään tai että se on vain tietoisuutesi luoma harha. Tosin tämä ei
ole kovin suuri este, minkä näyttävät kvanttifyysikot kertomalla, että
hiukkasia ei ole ja samalla selittävät iloisesti niiden havaittuja ominaisuuksia.
James H. Austin on Damasion ja Tollen risteytys siinä mielessä, että hän on
aivojen toimintaa laboratoriossa tutkiva neurologi ja zen-meditaation har-
rastaja. Hän esittelee käsityksiään kirjassaan Itsetön oivallus, zen ja
tietoisuuden meditatiiviset muutokset. (*James H. Austin. Selfless Insight:
Zen and the Meditative Transformations of. MIT Press. Kindle Edition.*)
Frith on sitä mieltä, että tietoisuutemme kokemat kuvat ulkopuolisesta ja
sisäistä todellisuudesta ovat aivojen luomus emmekä tiedä, millaisia ne
todella ovat. Hän korostaa sitä, että suurin osa maailmaan uppoutumisesta
hoituu alitajunnassa ja vain osa siitä livahtaa tietoiseen mieleen. Ehkä on
mahdollista ajatella, että jos tietoinen minä lakkaa toimimasta, näemme
suoraan johonkin tämän alitajunnan prosessin tuotokseen?
Austin väittää, että zen-mestarit pystyvät muuttamaan aivojensa toimintaa
niin, että ainakin osa todellisuuden kokemisen prosesseista sammuu.
Tärkein toimintansa lopettanut on tietoisuus, jos se käsitetään Damasion
käsittein itsen kokemisena. Tämän jälkeen saavutetaan toisenlainen tie-
toisuus, jossa kohde nähdään suoraan ilman itsen tuntemusta siihen osal-
lisena. Austin ei puhu korkeammasta tietoisuudesta, vaan erikoisista tietoi-
suuden tiloista. Syytä onkin, sillä jos osa tietoisuuden luovista prosesseista
saadaan pois pelistä, kyseessä on alempi taso. Mikäli niitä voi edes näin
luokitella.

Kensho on zenin harrastajan aikaisemmin ilmenevä kehityksen tason tuottama tila. Satori viittaa syvempään tietoisuuden tilaan, joka on mahdollista saavuttaa pitkän henkisen kouluttautumisen tuloksena. Ne ovat seurauksia valaistumisista, jotka tarkoittavat oloa, jossa ei enää ole mitään keskeistä itseä tietoisuutta ohjaamassa. Jos pitäydymme määritelmässä, jossa tietoisuus tarkoittaa sitä, että on itsestään tietoinen, tässä tilassa ei sitä enää ole.

Austin väittää, että ihmisen ei silti ole tuolloin tiedoton, vaan tietoisuus voi silti ihan hyvin ilman mitään tajua fyysisestä tai psyykkisestä itsestä kaiken keskellä.

Kun Damasio puhuu eläimistä, joilla ei ole tietoisuutta ja jotka selviytyvät silti elossa, ne ovat sitten nähtävästi koko ajan tässä tilassa? Pyhinä viisaina pidettyjen zen-mestareitten aivojen neuronien johdotukset ovat pysyvästi muuttuneet tähän itsettömään suuntaan niin, että he lausahtelevat tyyliin "Havainto, äkkinäinen kuin silmänräpäys, että subjekti ja objekti ovat yhtä, johtaa syvästi mysteeriseen sanattomaan ymmärtämiseen ja tällä ymmärryksellä tulet sinä heräämään zenin totuuteen." Tai "ymmärrä, että mitään objektiivista maailmaa ei ole." Näiden asioiden ymmärrykset ovat sanattomia, mutta sanoin niiden ilosanomasta on kerrottava. Vaihtoehto "meditoi joka päivä useita tunteja elämäsi seuraavien kahdenkymmenen vuoden ajan, niin sitten tajuat" ei nykyihmistä houkuttele.

Jotta länsimaisen tieteen hapattamat ihmiset voisivat meditoijien sanoja uskoa, he vaativat, että ne saavat tieteellisen selityksen. Buddhalaiset luottavat kokemuksiin ja vakuuttavat, että pelkän uskon varaan ei tarvitse jäädä. Ala meditoida, niin tiedät. Mutta ymmärryksen ulottumattomissa olevaa sanatonta kokemusta ei tieteen parissa pidetä ymmärtämisenä. Vaaditaan aivojen toimintaan perustuva selitys, jonka voi myös ylös kirjoittaa niin, että lukijakin sen tajuaa.

Havainnot ja niiden käsitteellistäminen ovat tietämisen kaksi eri puolta. Informaatio havainnoista saadaan ensin ja niiden käsittely tapahtuu myöhemmin.

Kun visuaalinen ärsyke ulkopuolisesta saapuu, se rekisteröidään aluksi alimmalla tasolla alitajuisesti. Se kipuaa sitten keskitasolle talamukseen, missä se voi tulla täysin esitietoisen käsittelyn ulottuville. Mutta täysin tietoiseksi havainto tulee vasta useiden toistuvien askelien jälkeen. Näiden joukossa on myös palauteaskelia, joten info sahailee aikansa edes takaisin aivojen kerroksissa. Sitä lihotetaan eri vaiheissa niin, että viesti lopulta pystytään ymmärtämään myös sanallisen selityksen tasoilla.

Alkuperäinen ärsyke on vain osa lopullisesta tuotteesta, joka tietoisuuteen yltää. Kun silmään iskeytyy esineestä heijastuva fotonilauma, niin ensin silmien sarveiskalvot ja linssit muuttavat fotonien suuntia, siis aloittavat siinä ulkoisen todellisuuden vääristämisen? Joten objektiivisen todellisuuden maksimi tässä tapauksessa olisi havaita vilinää sarveiskalvoilla ja jättää käsittely siihen? Harva suostuisi sitä ultimaattisena todellisuutena pitämään.

Väite, että näkee suoraan todellisuuteen, on perin epäilyttävä, koska aivojen täytyy aloittaa havainnon muokkaaminen rekisteröimällä silmän osien jo muokkaamaa materiaalia. Mistään "näkemisestä" ei voi edes puhua kytkemättä käsitettä eläimen aivojen siitä huolehtivaan koneistoon.

Ihmisen aivojen näkemiskoneistot ovat monimutkaiset. Silmään tulevia fotoneja käsitellään tiedostamattomasti niin, että näkymään tulee maailmassa liikkumisen mahdollistavaa tolkkua. Kaikesta on myös pystyttävä valitsemaan elämän suhteen olennainen. Hyökkäävän leijonan näkeminen on suotavampaa kuin keskittyä tiirailemaan joessa polskuttavaa ryhmää alastomia henkilöitä. (Kirjoitin ensin, että kaunokaisia, mutta se olisi tehnyt lauseesta sovinistisen. Kristinuskon seksivihamielisyys johtunee jostain tämän kaltaisesta evolutiivisesta jutusta). Ei sovi myöskään ryhtyä kokemaan leijonaa ja itseä yhdeksi ja samaksi, vaan on uskottava, että peto on erillinen otus siellä jossain ulkopuolella. Zenin mestaritkaan eivät tarkoita ykseydellä sitä, joka syntyy, kun objekti syö subjektin.

Havaitsemme ulkopuolellamme (uskomme toistaiseksi, että niin on oikeutettua sanoa) olevan esineen aistien kautta. Austin käyttää esimerkkinä omenaa, mutta koska sillä on kristinuskon kautta kytkentä peräti perisyntiin, muutan sen persikaksi. Persikasta heijastuvat fotonit muuttuvat näköelimissä neuraalisiksi impulsseiksi, joita aivojen tulkintakoneisto alkaa käsitellä. Niistä syntyy ensin subjektiivinen kuva, itsen käyttöön tarkoitettu versio, joka perustuu osittain aikaisempiin näkökokemuksiin ja alitajunnan tekemiin arvauksiin. Emme oikeastaan tiedä, miten reaalinen kuva on, mutta pidämme sitä automaattisesti aitona todellisuuden ilmentymänä.

Aivot tekevät persikasta myös toisen kuvaversion, mutta kokemuksessa etusija on tällä itsekeskeisellä versiolla. Toiskeskeinen prosessi sijoittaa persikan toisen kuvan kokijan kehon ulkopuolelle. Aivoissa on näiden versioiden luomiseen omat neuraaliset piirit, jotka laativat ne ensin ja myöhemmin kytkevät osittain yhteen. Itsekeskeisen version näkemisen akseli on kehon keskellä pystysuorassa olevan linja. Toiskeskeisessä aivot kuvittelevat, miltä persikka näyttäisi, jos silmät olisivat persikan luona. Aivot arvostavat toiskeskeisen version minän kokemaa vähäpätöisemmäksi, sinne toiseen todellisuuteen. (*Austin esim paikasta 917 eteenpäin*)

Pidämme automaattisesti subjektin, kokijan, erillään koetusta esineestä, objektista. Tietoisuus on duaalinen eli kaksijakoinen tässä mielessä. On tietoisuus subjektista ja tietoisuus objektista, jotka osin yhtyvät. Ero on käytännön elämän onnistumisen kannalta oleellinen.

Subjekti-keskeinen tietoisuus tarkoittaa prosessointia, joka tekee meidät henkilökohtaisesti tietoisiksi itsestämme. Objektikeskeinen tietoisuus puolestaan mahdollistaa sen, että olemme selvillä erillisistä ulkopuolellamme olevista esineistä. Austin käyttää näistä nimityksiä egosentrinen (egosentric itsekeskeinen) ja allosentrinen (allosentric toiskeskeinen) näkökulma. Allosentrinen katsontakanta tuo mukanaan avaruudellisen viittauskehyksen, jossa aivot liittävät esineeseen kehostamme erilliset esineeseen liittyvät koordinaatit. Lapsilla tämä kyky kehittyy 3-5 vuoden iässä leluilla leikkimisen seurauksena. Tämä näkemys esineestä saa aikaan tiedon sen erillisyydestä omana itsenäisenä entiteettinään, jolla on oma sisäinen keskilinjansa ja joka valtaa tilan yhdessä sen lähellä olevien esineitten kanssa. Emme tietoisesti tiedä näistä versioista. Tietoisuus kokee vain tuloksen sen jälkeen, kun ne ovat yhtyneet. Me emme siis koe, miltä allosentrinen versio yksin tuntuisi.

Austin kysyy, voidaanko objekti jossain mielessä havaita ilman, että se on millään tavalla riippuvainen itsestämme? Hän viittaa kokemukseen, jonka meditoijat saavat niissä ääritiloissa, joissa itsen kokemus häviää. Zenin taitaja pystyy tämän mukaan näkemään maailman tavalla, jossa kaikki omaan persoonaan liittyvät maailman kokemista ohjaavat ehdollistumiset häviävät. Aivot käsittelevät ulkopuolista maailmaa näiden allosentristen piirien neuronien avulla niin, että ihmiseen ei synny "minä tässä näen" tilaa. Ajan kokeminen on myös kadonnut, joten meditoija tietää, miltä ikuisuus maistuu.

Kun tästä siirrytään väitteisiin, että aikaa, itseä tai erillisyyttä ei ole, astutaan sanallisten ja käsitteellisten tulkintojen tielle. Sitten ei voi enää väittää, että nämä kokemukset ovat ymmärryksen tuolla puolen. Eivätkä meditoijien kokemukset suoraan ulkoisesta todellisuudesta ole, vaan aivojen luomia nekin. Tästä pulmasta pääsee eroon kertomalla, että ulkoista todellisuutta ei ole. On vain sisäinen sellainen. Siitäkin pääsee eroon väittämällä, että kumpaakaan versiota ei oikeastaan ole. On vain tyhjyys.

Pakinoitsija aloittaa skeptisyyteen vajonneena pohdiskelun parhaasta ta-
vasta saavuttaa ultimaattinen todellisuus. Minimisaavutus ja samalla täy-
dellisin mahdollinen on todeta se olemattomaksi. Hän kuvittelee, miten
meditaation menetelmin kasvatettaisiin huippufyysikko.

Kristinuskon filosofit ovat väittäneet, että heidän uskontonsa opit
vaikuttivat oleellisesti siihen, että länsimainen tiede yleensä pystyi
syntymään. Se pitänee paikkansa, koska ne sisälsivät vanhan antiikin tieteen
ja koska yliopistojen teologit Aristoteleen oppeja harrastivat. Itämaisten
uskontojen edellä kuvatut piirteet, joissa objektiivinen todellisuus ja aika
julistetaan olemattomaksi, ei fysiikan kaltaisten tieteitten harrastusta edis-
tänyt. Niissä kun sinnikkäästi yritetään selvittää sitä, mitä ei ole. Toisaalta en
ole ihan varma, etteikö olisi voinut kehittyä myös käytännössä yhtä tehokas
itämaisen luonnontieteen teoreettinen versio. Nykyinen tila on sekä länsi-
maissa syntyneen tieteen etevämmyyden ja historiallisen kehityksen tulo.
Fyysikot yleensä olettavat, että luonnon ilmiöitten takana on objektiivinen
todellisuus ja että siitä heidän menetelmillään saadaan totista tietoa. Osa ei
Hawkingin tavoin viitsi ajatella moista liian tarkkaan, koska se näyttää
tuottavan ohittamattomia vaikeuksia. Heidän on silti pakko käsitellä
alkeishiukkasten kaltaisia olioitaan ainakin omasta persoonastaan erillisinä
ilmiöinä huolimatta siitä, että myöntävät mittaustensa tätä erillisyyttä
hämärtävän.
Zenin harrastajat väittävät näkyjensä tulkintana, että kaikki on yhtä.
Erillisyys muista on pelkkää harhaa, julistaa Tolle ja pitää tätä hyvänä jut-
tuna. Siihen uskomisesta pitäisi päästä eroon ja alkaa kokea kaikki yhtenä.
Koska tuntemus syntyy siten, että osa esineitten näkemiseen liittyvistä aivo-
jen toiminnoista vaimenee, johtopäätöstä voinee epäillä. Väite, että kaikki
on yhtä, tulee ymmärrettäväksi vaikkakaan ei todeksi näiden kokemusten
kautta.
Satorin vallassa oleva mietiskelijä kokee muuttuneen tietoisuuden tilan,
joka on sanoin kuvaamaton. Aika on pysähtynyt, subjekti (hän itse kokijana)
on kadonnut ja olo on ihana. Selvittyään normaaliin olemiseen tilaan hän
kertoo, että aikaa ja itseä ei ole.
Maailmasta saadut käsitykset ovat aivojen luomuksia niin, että tietoinen
mieli ei tiedä työstä, jonka alitajuiset prosessit ovat tehneet. Siinä mielessä

väite, että maailma on pelkästään tietoisuutemme tuotos, ei pidä paikkaansa. Voi korkeintaan väittää, että ei tiedetä, millainen objektiivinen todellisuus todella on. On silti syytä olettaa, että kyllä se aistien kautta saadun informaation perusta on. Damasion käsittein tietoisuus itse ei luo yhtään mitään, vaan sen sisältö syntyy aivojen piilotietoisten prosessien luomistöistä.

Kuvitellaan sitten, miten kansakunnan pitäisi suoraan ultimaattisuuteen näkeviä tiedemiehiään kasvattaa. 1100-luvun zen-mestari Yuan-wu esitti selkeät vaatimukset: "Unohda kaikki aikaisemmat kuvasi, mielipiteesi, tulkintasi, maallinen tietosi, älyllisyytesi, itsekeskeisyytesi, ole kuin kuollut puu, kuin kylmä tuhka. Hetkellä, jolloin sinun tunteesi ja näkemyksesi ovat kaikki menneet ja mielesi on jäänyt puhtaaksi ja alastomaksi, silloin sinä avaudut Zenin reaalisuuteen." (*Austin Loc 2857 Master Yuan-wu (1063-1135)*)

Austin puolestaan antaa lisää ohjeita, jotka perustuvat 2000-luvun tietoon aivoista: " Maailma on kuin Rorschachin mustetesti. Me liitämme subjektiivisen itsemme kuvitteellisia heijasteita kaikkeen, mitä näemme. Yksinkertaisin tapa kerätä faktuaalista informaatiota on oppimalla havaitsemaan maailma tietoisen läsnäolon kautta arvostelematta, selvästi, käyttäen toisreferentiaalisia ventraalisia reittejä, jotka ohittavat Itsen tunkeilevat suotimet." ( *Austin Kindle Locations 1861-1863*)

Jos uskomme, että meditaatio tuottaa ennen pitkää suorat kokemukset kaiken takana olevasta ultimaattisesta todellisuudesta, osa koulutettavista tiedemiehistä pitäisi laittaa meditoimaan päivät pitkät. Koska heidän pitäisi jossain vaiheessa unohtaa kaikki oppimansa ja tyhjentää mielensä sekä faktatiedoista että kaikista minään ehdollistuneista rasitteista, heille ei pitäisi opettaa yhtään mitään tieteistä eikä altistaa kanssakäymisille muiden ihmisten kanssa, jotta heidän Egonsa jäisivät mahdollisimman tyhjiksi. Vuosien saatossa aivoissa olevista tavallisen ihmisen kokemukset tuottavista prosesseista yksi toisensa jälkeen sammuisi. Riittävän nuorena aloitettu kasvatus estäisi niitä koskaan kehittymästä. Maailman näkeminen muuttuisi yhä suoremmaksi ja todemmaksi. Puheen saati sitten kirjoittamisen opettelu olisi tarpeetonta, koska ultimaattinen todellisuus on sanoinkuvaamatonta. Kieli käsitteineen vain sotkisi asioita.

Aivoja tutkimalla keksisimme ennen pitkää, miten näistä ultimaattisten tiedemiesten itiöistä saataisiin yhä enemmän mittalaitteita muistuttavia itsettömiä robotteja, jotka jonain päivänä pystyisivät näkemään maailman ainekenttien tasolla. Väitteitten, että kaikki on yhtä eikä erillisyyttä ole, täytynee tarkoittaa tilaa, jossa kokija näkee pelkät kvanttikentät. Hedelmät kypsyisivät hiljalleen. Kymmenen vuoden kuluttua oppilas kenties osoittaisi itseään ja sitten häntä tarkastelevaa kansakunnan opetus-ministeriä. Tulkkina toimiva ultimaattisuuden professori kertoisi tiede-miehen taimen tarkoittavan, että "ihmisyyden perusharha on olettaa, että minä olen tässä ja sinä minun ulkopuolellani siinä." ( *Zen Master Hakuun Yasutani (1885-1973) Austin Loc 763*).

Kuluisi kymmenen vuotta, minkä jälkeen oppilas tarjoaisi lisää perimmäistä todellisuutta. Tulkki tulkkaisi: " Ei-minä, Anatta, ei ole akateeminen kes-kustelun kohde, vaan välitön elävä kokemus, joka poistaa harhan verhon niin, että silmät äkkiä näkevät selvästi." (*Austin Loc 1142 Irmgard Schloegl (Myokyo-ni)*)

Yliopiston edustaja vakuuttaisi ministerille, että se oli jo toiveita herättävää. Vielä hieman untuvainen ultimaatikko näkisi muutaman vuoden kuluttua selvästi, joten rahoitusta kannattaa jatkaa. "Halvempaa koulutusta on vaikea kuvitella, se on totta!" sanoisi ministeri ja piirtäisi nimensä jatkorahoitus-sopimuksen alle.

Kymmenen vuotta vielä ja tämä melkein valmis hengen nero kertoisi, että "se, joka ei tiedä, puhuu, se joka tietää, ei puhu." Onnistuneesta koulu-tuksesta kertoisi se, että hän sitten vaikenisi täydellisesti.

Kansakunnan opetusministeri luopuisi projektista, vaikka ultimaatumin professori vakuuttelisi, että jotenkin tämä ylikoulutus voidaan kokemuksen myötä välttää.

Teologit kertovat, että uskonnot käsittelevät eri tason totuuksia kuin tieteet ja lisäävät, että niistä tieteet eivät pysty kertomaan yhtään mitään. Mutta eivät hekään tietojaan mistään ylimaallisesta todellisuudesta saa. Ne syntyvät maallisesta sellaisesta aivojensa toiminnan tuloksina siten, että osa sen prosesseista on vaimennettu. Tästä tosin seuraa se perin uskonnollinen johtopäätös, että kuoleman lopettaessa kaikki mielen toiminnot lopullinen totuus selviää.

Ultimaattinen huippufyysikko ylikoulutettiin vahingossa. Jäi täysin hämä-
räksi, pystyikö hän perimmäiseen todellisuuteen näkemään vai ei. Pakinoit-
sija valitsee toisen lähtökohdan ja ryhtyy tietämään, miten aivot infoa käsit-
televät.

Chris Frith käsittelee mieltä neurotieteilijän näkökulmasta, jossa yrite-
tään etsiä sitä neuronien ja erilaisten mielen kemikaalien tasolta. Kog-
nitiotieteet tutkivat suoraan mieltä.

Andrew Newberg on kirjoittanut kirjan Born to Believe, jossa hän tutkii kog-
nition näkökulmasta ihmisen ajattelua. Nimen Syntynyt uskomaan lähtö-
kohta on uskonnoissa siinä mielessä, että hän tutkii hengellisten kokemus-
ten ilmenemistä aivoissa. Hänkään ei tyydy pelkkään kognitiotieteeseen,
vaan käyttää apunaan aivojen fyysistä tutkimusta.

*(Andrew Newberg, Mark Robert Waldman: Born to Believe, God, Science,
and the Origin of Ordinary and Extraordinary Beliefs Free Press eBook)*

Mallimme maailmasta sisältävät valtavan määrän erilaisia mentaalisia usko-
muksia. Usko ja uskomus ovat käsitteitä, joiden merkitysten kirjavuus tuot-
taa koko ajan valtavan määrän kirjallisuutta. Niiden sivuilla teistit ja ateistit
kiistelevät muun muassa siitä, onko ateistin uskomus, että jumalia ei ole,
uskomus vai ei. Newberg esittää synonyymejä uskomus-sanalle: mielipide,
vakaumus, luottamus, odotus, oletus, tieto, tulkinta jne. (*Newberg s. 32*)
Niihin liitetään yleensä vielä tosi/epätosi-määre, joka sekin on epäselvä kä-
site ainakin jos ajattelee, miten mitään voi absoluuttisen todeksi tietää. Se
varmistaa, että kiistat eivät koskaan pääty mihinkään lopulliseen tulokseen
suuntaan tai toiseen.

Newberg pitää uskomusta minä tahansa havaintona, kognitiona tai emoo-
tiona, jonka aivot olettavat joko tietoisesti tai tiedostamatta todeksi. (*New-
berg s. 32*) Oleellista on, että tuntee uskomuksen todeksi. Sen totuus tie-
teellisessä mielessä on sivuseikka.  Havainto viittaa informaatioon, jota
saamme itsestämme ja ulkomaailmasta aistien välityksellä. Kognitio tarkoit-
taa aivojen suorittamaa informaation käsittelyä, mikä sisältää ne abstraktit
prosessit, joilla havainnot käsitellään ja ymmärretään. Muisti ja tietoisuus
ovat osa sitä.

Uskomukset syntyvät havainnon, kognition, sosiaalisen konsensuksen ja emotionaalisen arvotuksen kautta. (*Newberg s. 32*) Nämä neljä tekijää määräävät, miten totena uskomusta pidetään.

Newbergin mielestä tämä riippuu eniten kokemuksen subjektiivisesta elävyydestä, sen jatkuvuudesta ja kestosta sekä yksimielisyydestä muiden kanssa. (*Newberg s. 247*) Tärkein tekijä näistä on kokemuksen aiheuttamasta emootiosta lähtevä elävyyden tunne. Ilman riittävää tunnetilaa uskomus ei pääse edes tietoisuuteen. Valaistumisen kokeneet tosin väittävät tilansa olleen ajattoman tuntuista, oli se käytännössä miten lyhyt tai pitkä tahansa. Mutta ajattomuus tarkoittaa ikuisuutta, joten ei ole syytä ihmetellä niiden tuottamia tolkuttoman vahvoja uskomuksia.

Aivot rakentavat todellisuudesta saaduista havainnoista näin mieleen kartan, josta tietoisuus saa osansa. Kaikki havaittu ja ajateltu painuvat muistiin enemmän tai vähemmän voimakkaan emotionaalisen seuralaisen kera. Tapahtuman synnyttämä tai sen aikana vallinnut tunnetila vaikuttaa voimakkaasti siihen, miten lujasti se muistiin jää. Ajan myötä yksittäinen tapahtuma saa kylkiäisikseen muita tapahtumia, joihin sama tunne liittyy. Muistiin palauttaminen ei ole suoraa neuronien lukua samalla tavalla kuin paperille kirjoitettu tieto on, vaan ne muistot työstetään uudelleen. Ne muokkautuvat prosessissa mm. näiden tunteitten ja niihin liittyvien uskomusten mukaisesti. Jokainen mieleen palauttaminen vääristää niitä niin, että kaukaiset muistikuvat voivat olla lähes kokonaan mielikuvituksen tuotetta.

Aikuisen ihmisen aivot ovat elämän perusteellisesti värittämät. Havainnoista saatu informaatio kulkee sitä käsittelevien systeemien läpi, joissa se törmäilee aikaisempiin uskomuksiin ja muistikuviin. Näiden vaikutuksesta ne muuttuvat joka vaiheessa hieman niin, että tietoisuuteen päässyt tai muistiin painunut ovat kaikkea muuta kuin puhdasta faktaa. Kun Austin puhuu puhtaasta havainnosta, johon itsen tunkeilevat suotimet eivät vaikuta, niin kai se jotain tähän liittyvää tarkoittaa. Jos uudesta tapahtumasta saatu informaatio pystyy livahtamaan entisten kokemusten ohi niin, että alitajunnan prosessit muokkaavat sitä uskoen sen neitseelliseksi ja ainutkertaiseksi, kenties tuloksena on suorempi todellisuuden kokemus.

Newberg luokittelee kognitiiviset muokkaustoiminnot funktioiksi: abstraktiivinen, kvantitatiivinen, syy-seuraus, dualistinen eli vastakohtia käsittelevä, reduktionistinen eli osiin hajottava ja holistinen, kokonaisuuksia muodostava. Jos mietimme ihmisen tieteellisen ajattelun eri puolia, niin näitähän siinäkin hyödynnetään. (*Newberg s. 76*)

Maailman konkreettiset esineet saavat nimilaput. Niitä vastaavat abstraktit aivojen oliot, jotka nimet kytkevät ulkomaailmaan. Materian tasolla syntyy vastaava neuraalinen hahmo. IPhone ei aistikokemuksena ole vielä iPhone, vaan joukko ominaisuuksia viivoja, värejä, muotoja, joita varten aivoissa ovat eri neuronijoukot. Kaikkia tapahtuu tiedostamattomasti. Tietoisuus tietää sitten mm. abstrahointifunktion ja holistisen funktion avustamana, että kas siinä älypuhelin, joka on muotia. Informaatio esineen eri ominaisuuksista aistien kautta saatujen bittien joukkona, josta aivot tekevät lopulta puhelimen.

Todellisuus muuttuu aivoissa abstrakteiksi esineiksi, jotka saavat nimet. Nekin ovat tavallaan maailmaa koskevia uskomuksia eivätkä enää suoria ulkoisesta saatuja havaintoja. Me pidämme niitä todellisuuden osina. Ne ovat sitä siinä mielessä, että ne perustuvat aineen tasolla neurojoukkojen hahmoihin. Niillä on näin täysin aineellinen perusta. Neuronien hahmot muuntuvat tietoisiksi kokemuksiksi niiden symboloimista maailman asioista. Ne eivät enää siinä vaiheessa ole konkreettisia esineitä, vaan henkisiä sellaisia. Voihan ne luokitella vaikka illuusioiksi jos niin haluaa.

Syyn ja seurauksen näkeminen maailmassa mahdollistaa eläimille järkevän toimimisen ja sen kautta elossa selviytymisen. Ne oppivat ajan myötä, mikä on minkin teon seuraus. Ihmisillä riittää, kun heille riittävän nuorina kerrotaan, että siitä seuraa sitä tai tätä. Uskomus voi pysyä vakaana läpi elämän, vaikka todellisuus todistaisi jotain muuta. Vaikka ei täysin uskoisikaan siihen, se voi silti ohjata käyttäytymistä täysin epärealistisiin ja elossa pysymisen kannalta jopa vahingollisiin suuntiin.

Kausaalisuuden kognitiivinen funktio sitoo tapahtumia paketeiksi olettamalla, että ensimmäinen on toisen syy ja toinen ensimmäisen seuraus. Neuronien tasolla sillä, onko todellisuudessa näin, ei ole väliä. Liikkumisen ja autolla ajamisen kaltaisissa toimissa malleja testataan käytännössä koko ajan eikä niistä ole kovin vääriä käsityksiä. Uskontojen tapaisia asioita käsiteltäessä tätä mahdollisuutta ei yleensä ole. Jos uskoo, että Jumala pelasti pinteestä, koska pyysi Häneltä rukoilemalla apua, kyseessä on kaksi peräkkäistä tapausta, joista syyn ja seurauksen todellinen oleminen on mahdoton varmistaa. Uskolleen saa kivasti vahvistusta, kun jokaisessa pikkuasiassa rukoilee apua. Kun lähtee ajamaan pienenkin matkan, voi rukoilla, että onnettomuutta ei satu. Yleensä ei satu. Jos muistaa vain positiiviset seuraukset, aivojen ei tarvitse vaivautua neuroniensa kytkentöjä muuttamaan ja niiden kantaja voi hyvin.

ihmiset kokevat olevansa vapaita toimijoita, joilla on oma mieli ja oma tahto. Teoilla on joku tarkoitus, joka on omasta tahdosta siinnyt. Frith toteaa, että tällaisena agenttina oleminen on kaikki syystä ja seurauksesta. Tämä puolestaan liittyy ennakoimiseen ja ajoitukseen. Aivot tekevät ennusteen ja sen varassa toimitaan. Ne sitovat ennusteen ja tulosteen paketiksi, joka koetaan agentin aikaansaama tekona. Jos ennuste ei toteudu, vapaus voi tuntua kyseenalaiselta. Kun näemme toisen toteuttavan samanlaisen paketin, koemme hänetkin samalla kyvyllä siunatuksi. (*Frith Kindle Locations 2352-2353*)

Ihmisellä voi olla vääriä käsityksiä jopa omista toimistaan. Jos aivoihin syötetään ajatus tekemisestä juuri ennen kuin jotain tapahtuu, voi uskoa todella tapahtuman aiheuttavansa. Lienee vapaan tahdon huipentuma tämä, missä kokee tekevänsä vapaasti jotain, mitä ei edes tee.

Edellisen esimerkin tapauksissa vapaan tahdon väärä kokemus syntyy mieleltään täysin terveissä ihmisissä. Skitsofreenikolla nämä harhaluulot aiheuttaa sairaus. Potilas voi kuvitella, että hänen kättään liikuttaa joku toinen. Hän näkee toimijoita kaiken takana jopa niin, että uskoo jonkun tuottavan hänessä tunteita tai ajatuksia, jotka eivät hänen omiaan. Frith olettaa, että vika on aivojen niissä mekanismeissa, jotka tekevät mentaalisen maailman mallit ja joita käytämme ennustamaan sitä, mitä toiset ihmiset aikovat tehdä. (*Frith Kindle Locations 2458-2459*).

Peilineuronit mahdollistavat osittain tämän ennustamisen ja myös toisen mieleen kurkistamisen kyvyt. Ne reagoivat, kun valmistelemme liikettä tai kuvittelemme sitä. Samoin ne aktivoivat toista katsoessa samoja aivojen osia, jotka toimivat, kun itse liikkuu. Ihminen alkaa tiedostamattaan jopa matkia näkemiään liikkeitä. Niinpä kun ihminen näkee toisen ilmeistä, että tämä on surullinen, hänen kasvonsa alkavat tahtomattaan osoittaa samaa tunnetilaa. Tätä kautta toisen mielentila hyppää omaan mieleen ja sama tunne herää hieman vaisumpana. Jos siis näkee toisen surevan, alkaa itsekin surra ja itsesäälin vaikutuksesta alkaa sääliä tuota toistakin. Itsekkyys on etiikan perusta. (*Marco Iacoboni Ihmisen peilaus Terra Cognita 2008 s. 86* )

# Pakina 12 Informaation poisto vaatii energiaa

Pakinoitsija tutkii, miksi hänen on niin vaikea hylätä haitallisia uskomuksiaan. Hän tietää, että se on ehdoton edellytys, jotta todellinen hengen lento olisi mahdollista. Liiat aivoissa asuskelevat faktat massoittavat hänet yli sallitun kuormituksen.

Ihmisten aivoja voi pitää tietokoneena, jotka ovat teholtaan ylivoimaisia kaikkiin ihmisten rakentamiin verrattuna. Read Montague kertoo, miksi: "Aivoilla on kaikki tehokkaan laskukoneen ominaisuudet: ne ovat hitaat, epätarkat ja niissä on kohinaa." *(Read Montague Miksi valita tämä kirja s. 33 Terra Cognita 2008)*
Montague lisää tähän huipputietokoneelta vaadittavien ominaisuuksien luetteloon sen, että aivoilla on tavoitteita. Mekaanisilla ainakaan ihmisten käytössä olevilla tietokoneilla niitä ei ole. Kun Montague ja kumppanit saavat aikaan kunnon teorian siitä, miten aivot tavoitteitaan kehittävät, tulevaisuuden tietokoneissa tämä kyky on.
Ihmiselle on tärkeää, että sen elimistön koneet kuluttavat energiaa mahdollisimman vähän. Informaation teoreetikot kertovat, että informaation käsittely ei teoriassa kuluta energiaa lainkaan. Energiaa kuluu vain, kun informaation bittejä heitetään pois. Käytännössä tietokoneet ja aivot kuluttavat energiaa aina.
Uskomuksen synty on vaivaton operaatio ja vasta sen tietoinen kritisointi ja poisto vaativat ponnistuksia. Taustalla on se tosiasia, että kyseessä ovat fysikaaliset ja kemialliset prosessit, jotka sitten tuottavat vastaavat henkiset tuntemukset. Hermosto kuluttaa enemmän glukoosia kuin muut ruumiinosat. Vaikeat ajattelutehtävät ja itsehillintää vaativat aiheuttavat tuntuvan verensokerin laskun.
Henkisyyden opettajat suosittelevat positiivisten ajatusten ylivaltaa. He varoittavat negatiivisista henkisistä energioista, joka tuottavat mieleen kaikenlaisia kammottavuuksia. Tutkijat ovat samaa mieltä.
Sheth ja Cohen esittivät koehenkilöille sarjan väitteitä. Jotkut olivat selvästi oikeita, toiset selvästi vääriä ja osa vaikeita tietää kummaksikaan. Matemaattinen tehtävä 2+ 3 = 5 lienee kiistämättä oikein. Väite "sisiliskot ovat yleisiä lemmikkejä" ei ainakaan meillä Suomessa pidä paikkaansa. Moraalinen kysymys siitä, onko suotavampaa valehdella lapselle kuin aikuiselle, lienee "siinä ja siinä" asia. *(Shermer, Michael (2011-05-24). The Believing*

Brain: From Ghosts and Gods to Politics and Conspiracies---How We Construct Beliefs and Reinforce Them as Truths (p. 133). Henry Holt and Co.. Kindle Edition) Selvästi tosiin saatiin nopeimmat vastaukset. Epätosien ja epämääräisten vastausajoissa ei ollut eroja. Aivojen tasolla mittaukset osoittivat tosiin väitteisiin liittyen aktiivisuutta niillä aivojen alueilla, jotka liittyvät ratkaisun tekemiseen ja oppimiseen palkinnon avulla. Reaktiot vääriin väitteisiin näyttivät toimintaa kivun havaitsemiseen ja inhoon liittyvillä alueilla. Neutraaleihin matemaattisiin ja tunteita herättäviin eettisiin väitteisiin suhtautumisessa ei aivojen reaktioissa havaittu eroa.

Ihmiset siis inhoavat vääränä pitämäänsä laskutulosta samalla tavalla kuin väitettä "varastaminen on täysin oikein." Useimmat eivät pidä asennettaan laskutuloksia kohtaan todisteeksi niiden virheellisyydestä, mutta etiikan kysymyksissä se on tärkein totuuden kriteeri. Skeptisyys tuottaa aiheesta riippumatta negatiivisia tunteita, jotka sitten teoretisoidaan negatiivisiksi energioiksi.

Ajattelun voi Daniel Kahnemanin mukaan jakaa kahteen erilaiseen tapaan. Niistä toinen on nopeaa ja vaivatonta, toinen hidasta ja vaivalloista. Järjestelmä 1 toimii automaattisesti ja nopeasti vähäisin ponnistuksin ja ilman tahdonalaisen säätelyn aistimusta. Ajateltavan asian vaatiessa harkintaa joutuu käyttämään järjestelmää 2. Ykkösen toimintoja ovat esimerkiksi pelon näkeminen toisen kasvoilla, laskutoimituksen 1+1 vastaus ja kääntyminen äkillisen äänen suuntaan. Järjestelmä 2 astuu kehiin, kun pitää laskea 34 x 67 (ei kaikilla) tai keskittyä kuuntelemaan yleisen sorinan keskellä yhden ihmisen ääntä. (*Daniel Kahneman Ajattelu nopeasti ja hitaasti s. 30 Terra Cognita 2012*)

Ykkönen toimii automaattisesti koko ajan. Se tekee ehdotelmia kakkoselle, joka joko hyväksyy ne tai ryhtyy harkitsemaan tarkemmin. Kun Tolle ehdottaa, että meidän pitäisi sammuttaa pakonomainen ajattelu, lienee kysymyksessä ykkösen ilkityöt. Tosin neuvo lamauttaa myös kakkosen, koska se käynnistyy vasta, kun ykkönen on ensin jotain ehdottanut.

Positiivinen ajattelu vaatii käyttämään vain ykköstä. Kahneman puhuu kognitiivisen vaivattomuuden tilasta. Ihminen on hyvällä tuulella, pitää näkemästään, uskoo kuulemaansa, luottaa intuitioihinsa ja kokee tilanteen tu-

tuksi. Tila on hyödyksi, jos on luova taiteilija. Mutta tiedemiehelle se on hai-tallinen olotila, josta on äkkiä syytä ahdistua pois. Kakkosen käyttöönotto tuottaa tarvittavan energian kulutuksen, mikä laskee mielentilan vaativaan kognitiiviseen työskentelyyn sopivaksi. Jos mieli samalla rasittuu liikaa, al-kaa uskoa yhä enemmän ja enemmän ykkösen ehdotuksia. Kakkonen kyllä toimii, mutta alkaa luottaa täysin mielettömiin uskomuksiin, joten se siitä. Uusi väite otetaan vastaan hyväksymällä se ensin alitajuisesti alustavasti. Sitä täytyy pitää ensin totena, jotta pystyisi aloittamaan sen kyseenalaista-misen. Tämä on asenne, jota vanhemmat lapsissaan ja uskontojen saarna-miehet kuulijoissaan arvostavat. Kasvatus on onnistuneesti loppuun saa-tettu, jos ykkönen hyväksyy automaattisesti opittuun uskomusjärjestel-mään loogisesti sopivan ja hylkää yhtä automaattisesti kaiken muun. Kak-kostakin saa käyttää, kunhan vain ykkönen valitsee tarkkaan sen käyttöön tulevan materiaalin. Kahnemanin mukaan järjestelmä 1 luo assosiatiiviseen muistiin johdonmukaisen hahmon käynnistyneistä ajatuksista, yhdistää kognitiivisen vaivattomuuden tunteen totuuden harhoihin, miellyttäviin tunteisiin ja vähentyneeseen valppauteen. Edelleen se keskittyy olemassa oleviin todisteisiin ja jättää muut huomiotta, laiminlyö epämääräisyyden ja tukahduttaa epäilyn ja on vinoutunut uskomaan ja vahvistamaan. (*Kah-neman Luku 5 s. 74*)

Teistit vaativat kannattajiltaan edellä lueteltujen ykkösen ominaisuuksien uskollista soveltamista niin, että järjestelmien ero uskon asioissa on liuen-nut olemattomiin. Tiedeyhteisö odottaa, että sen jäsenet yrittävät välttää näitä ajattelun virheitä. Yksi tapa on tehdä ryhmätyötä, missä jäsenten erik-seen tuottamia aivoituksia verrataan keskenään. Yleensä virheet vähene-vät, vaikka on tietysti mahdollista, että ne päinvastoin vahvistavat toisiaan. Tämän jälkeen pelastus tulee tiedeyhteisön kaikkien jäsenten palautteesta. Nämä ryhtyvät välittömästi tuloksia ruotimaan ja tekevät kaikkensa osoit-taakseen ne vääriksi.

Kerran opitun uskomusjärjestelmän muuttaminen saati sitten kokonaan poistaminen vaatii näin enemmän ponnistelua kuin sen omaksuminen ai-koinaan vaati. Kasvavan lapsen aivoissa ei ole vielä valmista kulttuurin tuot-tamaa järjestelmää, joten aluksi kaikki sinne tarjottu uppoaa vaivatta. Myö-hemmin koulu alkaa syöttää vanhempien tarjonnasta poikkeavia katso-muksia. Nykyaikana television ja internetin kautta tulee yhä enemmän ja yhä erilaisempia näkemyksiä, joten murrosikäisten päissä velloo jo melkoinen sekasotku vähän kaikkea ja keskenään ristiriitaista informaation massaa. Niiden johdonmukaistaminen yhtenäiseksi järjestelmäksi vaatii ykköseltä melkoisesti energiaa, joten ei ihme, jos osa nuorista on lähes sekopäitä. Tällä en tarkoita mitään henkisiä energioita, vaan ihan sitä fyysistä itseään, jota kuluu, kun neuronien muodostama jotain uskomusta vastaava hahmo puretaan ja laaditaan toista vastaavaksi muodostelmaksi.

Kun seuraavan kerran tunnette tarvetta laihtua, kokeilkaapa uskonnostanne luopumista. Varsinkin ne, jotka pitävät itseään henkisinä ihmisinä, arvostavat varmaan menetelmää, joka on ainakin jossain määrin henkinen, vaikka kulutetut energiat fyysisiä olisivatkin. Niin pieni kauneusvirhe ei varmaan haittaa varsinkin kun sitä on mahdoton välttää.

Arvaan, että minulle nyt suositellaan ateismista luopumista. Usko Jumalaan vaatii neuronien selkeän muodostelman kehittymisen syntyprosessissaan puhumattakaan muista siihen liittyvistä uskomuksista. Varsinkin vakaa usko kolminaisuusoppiin vaatii mahtavan energiamäärän, koska se on niin jyrkästi luonnollisia kognitiivisia taipumuksia vastaan. Mutta kun lapsena omaksuin uskon ja myöhemmin siitä luovuin, lienee niin, että uskoon palaamisen vaativa energiamäärä ei enää ole niin suuri kuin mitä sen alkuperäinen synty vaati. Jossain aivoissani on kenties vielä joukko neuroneita, jotka itkevät hylätyksi tulemistaan ja ovat pienellä vaivalla taas käynnistettävissä. Joten luulenpa, ettei uskoon palaaminen riittävästi laihduta. Ei edes henkisesti.

# Pakina 13 Luonnollisia ja luonnottomia uskontoja

Pakinoitsija jatkaa uskomusten synnyn selvittelyä tutustumalla uskontoihin myönteisesti suhtautuvan tiedemiehen ajatuksiin. Tämän tosin hieman epäilyttävä olemassaolo todistaa, että on mahdollista olla sekä uskova että tiedemies. Pakinoitsijalla on tätä koskeva haitallinen ennakkoluulo, josta hänen pitäisi päästä eroon.

"Jokaisen sisimmästä löytyy vastaanotin, jonka kautta avautuu yhteys Luojaan. Silloinkin kun asiaa ei sen kummemmin tiedosta. Kristikunta kutsuu tätä jumalakykyisyydeksi." Näin julisti kuopiolainen teologi Kari Kuula Savon Sanomissa. Justin L. Barrett tutkii näitä jumalakykyisyyksiä kognitiotieteen menetelmin. Hän puhuu luonnollisista ja luonnottomista uskoista, jotka erottuvat sen mukaan, millaisiin aatoksiin ihmisten intuitiivinen ajattelu johtaa. Hänen mielestään luonnolliset uskonnot sisältävät mm. seuraavia uskomuksia:

1) luonnollisen maailman elementit ovat tarkoituksellisesti suunniteltuja
2) maailmassa tapahtuu asioita, joita näkymättömät ei-inhimilliset olennot saavat aikaan
3) ihmisillä on kehosta riippumaton sielu
4) moraalin normit ovat muuttumattomia niin, että jumalatkaan eivät voi niitä muuttaa
5) moraaliton käytös johtaa onnettomuuksiin, moraalinen onneen
6) sielu jatkaa olemassaoloaan kuoleman jälkeen
7) jumalilla on ajatuksia, haluja ja vapaa tahto toimia
8) jumalat voivat olla näkymättömiä ja kuolemattomia, mutta he eivät ole ajan ja avaruuden ulkopuolella
9) jumalat toimivat maailmassa

*(Barrett, Justin L. (2011-10-01). Cognitive Science, Religion, and Theology: From Human Minds to Divine Minds s. 132 Templeton Science and Religion Series Templeton Press. Kindle Edition.)*

Barrettin Jumalan määrittely kertoo Hänen olevan " intuition vastainen intentionaalinen agentti, jonka ryhmä ihmisiä reflektiivisesti uskoo olevan olemassa. Hän on sillä tavalla olemassa tai toimii (menneisyydessä, tulevaisuudessa, nykyisyydessä), että ihmiset voivat hänet havaita. Lisäksi hänen

57

olemassaolonsa motivoi seurauksenaan joitain eroja inhimillisessä käytök-
sessä." *(Barrett s. 97)*
Jumalien täytyy siis sopia sekä intuitiivisiin odotuksiin että olla niiden vas-
taisia. Kognitiiviset intuitiot saavat ihmiset jakamaan maailman oliot onto-
logisiin kategorioihin, joilla on kullakin joukko ominaisuuksia. Näitä ovat esi-
merkiksi henkilö, eläin ja esine. Kunkin luokan olioon liitetään joukko sille
ominaisia piirteitä. Näitä ovat mm. tilassa oleminen, fysikaalisuus, biologi-
suus, itseliikkuvuus ja mentaalisuus. Universaalisuus liitetään kaikkeen kau-
saaliseen ajatteluun. Sen automaattisia oletuksia ovat ajan kulku aina
eteenpäin ja sääntöjen samana pysyminen ajasta ja paikasta riippumatta.
Uskonnollisen käsitteen oleellinen ominaisuus on, että se rikkoo jotain tai
joitain ontologisen kategorian ennakkoehtoja ja säilyttää osan niistä. Se te-
kee siitä helposti muistettavan, mikä puolestaan auttaa sitä leviämään te-
hokkaasti. Aave on henkilö, jolla ei ole ruumista. Pyhä neitsyt on henkilö,
jolla on outo biologinen ominaisuus. Uskotaan yleisesti, että kissa synnyttää
aina kissan. Mutta on perin outoa, kun ihmisnainen synnyttää Jeesuksen,
joka samalla on Jumala eikä edes Tästä erillinen vaan ihan sama olento
vaikka onkin tämän Poika. Se loukkaa niin rankasti kaikkia ontologisuuksia,
että ei ole mikään ihme, että tarvittiin kreikkalaista logiikkaa saamaan se
kuulostamaan edes hiukkasen järkevältä.
Barrett jakaa uskomukset reflektiivisiin ja ei-reflektiivisiin uskomuksiin.
*(Barrett s. 47)* Sanakirjan mukaan reflective-sanan yksi merkitys on miette-
liäs. Tämä kertonee sen, että kyseessä ovat uskomukset, joita on mietitty.
Ei-reflektiivisen voinee kääntää intuitiiviseksi. Reflektiiviset uskomukset on
saatu intuitiivisista eri keinoin. Myös tunteet vaikuttavat niiden kehittämi-
seen intuitioitten lisäksi. Kysymyksiin vastataan nopeasti mieleen tulevilla
mielipiteillä, joita sitten jos nyt tarmo riittää aletaan kehittää täsmällisiksi
väitteiksi loogisen ajattelun avulla.
Nähtäväsi aivoihin pätee sama kuin muihinkin kemiallisiin ja fysikaalisiin
systeemeihin: ne pyrkivät mahdollisimman alhaiseen energian tilaan. Pul-
man ilmaantuessa vastataan helposti mieleen tulevalla uskomuksella, joka
tulee niistä mielen varastoissa, joista ne vähimmällä energialla saadaan.
Tämä uskomusvarasto on osittain synnynnäistä ja osittain kasvatuksen
muisteihin syöttämää. Totuudella ei kulttuurin tuotteitten ja uskonnon asi-

oissa ole väliä. Sitä ei ole tai se on mahdoton varmasti tietää. Ihmiset mielellään haluavat ja olettavat sanomiensa totta olevan, mutta yleensä tyytyvät ensimmäiseen mieleen tulevaan. Tärkeintä mielenrauhan ja muunkin rauhan suhteen on, että ympäristön ihmisillä ovat samat oleellisimmat mielipiteet. Fyysisiä objekteja koskeva järkeily eroaa mieliä koskevasta järkeilystä. Erilaiset kognitiiviset mekanismit käynnistyvät erilaisista ärsykkeistä varsinkin liikkeen eri muodoista. Syyn ja seurauksen näkeminen tapahtumissa on synnynnäinen kyky. Lapsilla on tehty kokeita, joissa näytetään, miten piirretty musta neliö liikkuu ja koskettaa toista neliötä, joka alkaa liikkua. He tulkitsivat tapahtumaa sanomalla, että eka neliö tönäisi toista. Kuuden kuukauden ikäiset vauvat yllättyvät, jos toinen neliö ei kosketukseen reagoi.

Edellisessä tapauksessa riittävät pelkät fysikaaliset selitykset. Toinen taipumus on käyttää psykologisia mielen toimintojen syitä ja seurauksia. Kokeessa lapsille näytettiin filmiä, jossa suuri kolmio, pieni kolmio ja ympyrä liikkuvat sellaisen hahmon ympärillä, joka näyttää talolta, jonka ovi on auki. Kuvioitten liikkumisen selittäminen fysikaalisin termein vaatisi koulutetun fyysikon tietoja. Koehenkilöt käyttivät sen kummemmin miettimättä helpompaa psykologista mallia. He kertoivat, että siinähän ihan selvästi suuri kolmio ajoi takaa pientä kolmiota ja ympyrää ja lopulta pienet kuviot alkoivat toimia yhdessä saadakseen ison kolmion kuriin. Alle vuoden ikäiset vauvat tunnistavat kiusaajan ja uhrit ja odottavat takaa-ajajan käyttävän suorinta reittiä saadakseen uhrit kiinni. (*Kahneman s. 93,94*)

Aikoinaan luonnonilmiötä salama ei pystytty edellä kuvatun kokeen lasten tavoin selittämään tieteellisesti, joten syyksi keksittiin ukkosen jumala. Tarkoituksen näkeminen kaikessa on niin voimakas taipumus, että elämän kehittymisen selityksissä ihmiset eivät kerta kaikkiaan pääse siitä eroon. Sama pätee universumin syntyyn, jota suurin osa ihmisistä pitää edelleen Jumalan luomuksena. Se on luotu ihmistä varten, joka on puolestaan luotu Jumalaa varten, joka on luotu mitä? varten. Ihmiset tietävät, että johonkin syiden etsiminen pitää lopettaa, mikä sekin lienee intuitiivinen taipumus. Ellei sitä sitten katsota älylliseksi laiskuudeksi.

Paul Bloomin mielestä näiden ajattelun systeemien itsenäinen toiminta ja niiden joko fysikaalinen ja psykologinen kohdentaminen tuottavat intuitiivisen pakon kokea mieli ja keho erillisinä olioina. Päämäärien, tarkoitusten ja aikomusten olettamista tapahtumien taakse kutsutaan intentionaalisuudeksi. Se on kehittynyt ihmisten kanssakäymisen tarpeita varten. Se ei estä sen laajentumista alueille, joihin mitkään evolutiiviset paineet eivät ole sitä työntäneet.

Esineitten maailma koetaan erillään mielten maailmasta. Siitä seuraa uskomus, että on olemassa kehosta erillään haamuilevia sieluja. Aivojen päättelyjärjestelmät teoretisoivat sitten, että aineeton henkinen voima loi aineellisen maailman ja että kuolematon sielu säätelee ruumistamme ja erkanee siitä kuolemassa.

Luonnollinen uskonto perustuu intuitiivisiin uskomuksiin ja teologia niistä johdettuihin reflektiivisiin uskomuksiin. Deismi tarkoittaa uskoa, jonka mukaan Jumala loi maailman ja sen asiat ja eikä enää puutu sen kulkuun. Joitain luonnollisesti oletettuja ominaisuuksia on karsittu pois joko kokonaan tai osittain. Panteismissa Jumalalla ei ole enää persoonallisia ominaisuuksia. Siihen uskominen vaatii jo tietoista älyllistä aherrusta.

Eri uskontojen teologit hienostelevat näitä edelleen päätyen yleensä luonnottomiin kehitelmiin. Ihmisille jumalat ovat inhimillisiä ja konkreettisia olentoja yrittävät teologit sitten miten sinnikkäästi kertoa, että Jumala on täysin toisenlainen laadullisesti. Tai Hän ei ole samalla tavalla olemassa kuin me olemme. Lause ei tarkoita yhtään mitään.

Teologien ratkaisematon hyvän ja pahan ongelma on esimerkki intuitiivisesta rikoksesta. Tavallisen uskovan intuitio ei päädy koskaan niihin ristiriitoihin, joita Jumalan kaikkivoipuus ja pahan olemassaolo yhtenä pakettina tuottavat. Hän kykenee hyväksymään ne iloisesti vaatimatta mitään selityksiä. Kyselytutkimukset ovat tosin osoittaneet, että vaikka Jumalan uskotaan pystyvän mihin tahansa, ihmiset ajattelevat hänen esimerkiksi tekevän mahtitekonsa peräkkäin luomistarinan tapaan. Filosofiaa ymmärtävä kirkkoisä Augustinus näki tarpeelliseksi selitellä nämä epäloogisuudet pois. Lutherkin sortui liialliseen logiikan käyttöön ja kertoi, että Jumala määrää etukäteen taivaan ja helvetin asukit. Tämä on pahasti ristiriidassa luonnollisten moraalisten uskomusten kanssa, joten teologit pitävät parempana salata moisen ilkeyden.

Kristinuskon kehitys ensimmäisinä vuosisatoina sisälsi runsaasti oppiriitoja, joissa varsin mitättömistä opillisista yksityiskohdista eri mieltä olevia vainottiin. Samalla syntyi yhteiskunnallista valtaa käyttävä pappien ammatti-kunta. Nämä huolehtivat opetuksesta ja rituaaleista onnistuen nappaa-maan jäsenilleen yksinoikeuden hautaamisen kaltaisissa toimissa. Se puo-lestaan takasi sekä kunniaa että vaurautta. Luonnollinen uskonto, mikäli juutalaisuuskaan sitä enää satoihin vuosiin oli ollut, muuttui luonnotto-maksi. Kolminaisuusoppi on täysin kulttuurisen keksintösarjan lopputulos. Sen kehittämisen vaiheet kertovat kyllä sitten ihmisen perin luonnollisista ikävistä taipumuksista. Sen vihoviimeinen ehdottoman tosi ehdottomasti Jumalasta peräisin oleva muoto vaati oppineitten välistä riitelyä, minkä joh-dosta kristikunta hajosi pahan kerran. Väärin uskovia livisti kaavut kintuissa tuhansien kilometrien päähän henkiriepunsa säilyttääkseen.

Suurten uskontojen pyhien teosten uskomattomuudet vaativat tehokkaasti toteutettua koulutusta ja pahimmillaan fyysisen väkivallan käyttöä, jotta ne saadaan uskoteltua ihmisten intuitiivisiksi uskomuksiksi. Eikä sekään kovin pitkälle auta. Kenties kristinuskon ja islamin eroista johtuvat kiistat tätä kautta hiljalleen katoavat, kun kannattajat unohtavat teologien luomat erot ja palaavat luonnollisiin uskomuksiinsa.

Ryhtyessäni lukemaan kognitiotieteitten selityksiä jumalauskon synnystä mielessäni oli selkeä ennakkoluulo, että jos se pystytään selittämään sitä kautta, todistetaan samalla, että jumalia ei ole. Barrett mokoma loukkasi minun henkistä herkkyyttäni toteamuksellaan, että "tieteelliset selitykset siitä, miten ihmisten kognitiiviset systeemit muodostavat uskomuksia juma-liin selittävät pois jumalat, jos niihin ei ennestään usko. Teisteille nämä se-litykset täsmentävät keinot, joilla jumalat havaitaan ja ymmärretään." (*Bar-rett s. 150*)

Oli miten oli minun mielestäni ne selittävät jumalat pelkästään ihmisten kognitiivisten taipumusten henkisiksi luomuksi. Joten kyllä uskonnot ovat henkisiä, siitä ei pääse mihinkään. Minä en tässä mielessä ole henkinen ih-minen. Mutta mielipiteistäni en luovu.

Pakinoitsijan pää on niin sekaisin, että hän yrittää todeta tieteenkin kyvyttömäksi ultimaatumia löytämään.

Edelliset pakinat ovat saatelleet minua viimeiseen vaiheeseen ultimaatumin etsinnässä. On täysin selvää, että tieteen menetelmät ovat parhaat mahdolliset.

Tieteellinen ajattelu ei voi sekään voi välttää käyttämästä ihmisen evoluution myötä syntyneitä älyn kykyjä. Elämme maailmassa, jossa esineet ovat kohtalaisen suuria ja jotka ilmaisevat itsensä heijastamalla valon fotoneita pinnaltaan tai aiheuttamalla ääniä, joka sitten etenee ilmassa muitten havaittavana. Bakteerit ja virukset ovat liian pieniä aisteille. Niiden seuraukset laskettiin ennen mikroskoopin keksimistä pahojen henkien tiliin.

Barrett on sitä mieltä, että jos luonnolliset kognitiiviset ajattelun mekanismit tuottavat jonkun uskomuksen, siihen on syytä luottaa. Se on viaton kunnes toisin todistetaan. Uskonnollisissa metafysiikoissa tämä lapsen olotila otetaan kunnia-asiaksi eikä uskomuksia saa haastaa testaamalla niitä. Tiedemiehen asenne on päinvastainen. Jokainen aivojen vaivattomasti tuottama väite on syyllinen kunnes toisin todistetaan. Tätä syyllisyyden osoittamista on myös kaikin keinoin yritettävä eikä mikään saa olla liian pyhää epäiltäväksi. Asenne on älyllisesti terve, mutta ei kantajansa mielenrauhan suhteen. Uskonnoissa päinvastoin.

Tiedemiehenkin on käytettävä aivojensa kognitiivisia kykyjä teorioittensa luomiseen. Ne ohjaavat ajattelun uomiin, joista on vaikea poiketa. Kun Aristoteles 300-luvulla eaa laati tieteen teoriansa, hän sai aikaan arkiajatteluun ja joka päiväisiin aistien todistuksiin perustuvan fysiikan. Jatkuvuuden lain keksiminen vaatii arkiajattelusta irtautumista. Maan pintaa pitkin painovoiman ja kitkan alaisina liikkuva kappale ei liikettään jatka, kun vetävä voima lakkaa vaikuttamasta. Samoin hänen filosofiassaan kausaalisia syitä on peräti neljä kappaletta. Vastakohdat muodostavat tärkeän osan hänen maailman selityksessään. Ne ulottuvat jopa lääketieteeseen saakka. Joten missäpä muualla niiden lähteet ovat kuin mm. Newbergin esittämissä kognition funktioissa? Elleivät sitten nämä funktiot ole lähtöisin Aristoteleelta, jonka oppeja pidettiin viattomina 2000 vuotta? Vasta kun tajuttiin kokeellisen tutkimisen tärkeys, oli mahdollista päästä niistä eroon.

Kysymys aivojen kykyjen luotettavuudesta ultimaatumiin näkemisessä koskee myös tiedettä. Alvin Plantinga on perustellut Jumalan olemassaoloa väittämällä, että Jumala ja luonnonvalinta yhdessä tuottavat varmemmin luotettavat ajattelun kyvyt kuin pelkkä luonnonvalinta. Jos Jumala on ihmisen ja maailman luomisten takana, kaipa Hän olisi suunnitellut ajattelun kykymme sellaisiksi, että ne pystyvät maailmaa ymmärtämään. (*Barrett s. 152*) Tämä väite osoittaa vain sen, että joko tiede ei ole vielä pystynyt ajattelun maallista alkuperää selvittämään tai sitten Plantinga ei ole niitä selityksiä lukenut. Jos jossain kulttuurissa uskottaisiin Jumalan asemesta Selitys-nimiseen olentoon, joka selittää kaiken, siellä filosofit kertoisivat vakain uskoin, että "luonnonvalinta yksin ei pysty selittämään sitä, miksi ajattelukykymme ovat kehittyneet ymmärtämään luontoa, mutta Selitys olisi toki ohjannut sitä niin, että pystymme selittämään sen."

Tieteessä pitkään vallinnutta metafysiikkaa kutsutaan materialistis-darvinistiseksi näkemykseksi todellisuudesta. Uskontojen kannattajat pitävät sitä henkisesti myrkyllisenä ja vastustavat viimeiseen saakka. Darvinistit eivät ole saaneet ihmisiä uskomaan, että evoluutiolla ei ole päämääriä. Tarkoituksen näkeminen ja kaipaaminen ihmisen ja eläinten kehittymisessä on väkevä luonnollinen taipumus niin, että jopa jotkut biologit uskovat sellaisia olevan olemassa. Joten heidänkin mielestään darvinismi on väärässä. Kaikki suuntaukset ovat, kun riittävästi aikaa kuluu. Mutta ei kellään silti ole mitään oikeutta vielä nyt väittää noin.

Tarkoitukseni on osoittaa, miksi tieteen menetelmät ovat parhaat ultimaattisen ultimaatumin etsinnässä. Tiedemiehet yrittävät tehdä tiedettään niin, että monet kieltäytyvät edes laputtamasta tuloksiaan tosi/epätosi-kylteillä. Heidän pyhin tavoitteensa on pyrkiä totuuteen, minkä löytämiseen he eivät usko. Uskontojen edustajat kertovat tietävänsä perimmäisen totuuden. He pitävät tästä varmuudestaan kiinni viimeiseen saakka julistamalla sen epäileminen rikokseksi.

Tieteentekijät yrittävät etsiä todellisuutta luonnonilmiöitten takaa vetoamatta metafysiikkaan. Todellisuus on kuitenkin itse metafyysinen käsite ja sellaisenaan tieteen ulottumattomissa. Joten se siitä tavoitteesta. On tyydyttävä empiiriseen todellisuuteen, jossa asiat ymmärretään sellaisina kuin ne ilmenevät ja tieteen välineillä mitataan. (*Jim Baggott Farewell to Reality s. 8 Constable&Robinsn Ltd 2013*)

Totuuden korrespondenssiteorian mukaan totta on vain se, joka vastaa hyväksyttyjen menetelmien avulla saatuja faktoja. Koska ne ovat empiirisiä faktoja, saatu totuuskin on empiirinen.

Tieteen väitteeltä on tapana vaatia, että sitä on mahdollista kokeellisesti testata. Säieteoria kertoo asioista, jotka tässä mielessä ovat nykyisten menetelmien ulottumattomissa. Tästä syystä sen kehittäjät soveltavat totuuden koherenssiteoriaa. He keksivät hypoteesejaan ja turvautuvat paremmuutta ratkaistessaan, ovatko niiden väitteet keskenään ja laajempaan teoriaan nähden loogisesti tai matemaattisesti yhteensopivia. Siis ihan kuin ihmisen aivotkin tekevät. Pieleen menon riski on melkoinen.

Kvanttifysiikka osoittaa, että normaalit kognition kykymme eivät kelpaa ymmärtämään alkeishiukkasten käyttäytymisiä. Sijoitamme objektit johonkin paikkaan ja johonkin aikaan ja teemme niistä käsitteitä antamalla niille nimet. Fysikaalisuuteen kuuluvat kiinteys, koheesio, jatkuvuus ja kontakti. (*Barrett s. 61*) Kiinteät esineet eivät esiinny samaan aikaan samassa paikassa eivätkä ne eivät kulje toistensa läpi. Koheesio tarkoittaa sitä, että esineet liikkuvat kokonaisina kappaleina. Jatkuvuus vaatii, että esineet eivät siirry paikasta toiseen käymättä välillä olevan tilan läpi. Elävän erottaa siitä, että se liikkuu itsestään, ei-elävä vaatii toisen kappaleen tuottaman voiman, joka on suorassa kosketuksessa sen kanssa. Siirtyminen vie aikaa. Nopeuden ylärajaa, jossa paikasta toiseen pääsee ilman mitään viivettä, ei koskaan saavuteta. Täysin käsittämättömiä ovat nopeudet, jotka ovat niin suuria, että niillä pääsee takaisin menneeseen. Satasen mestari varmaan pettyisi, jos huomaisi juosseensa niin nopeasti, että maaliin tullessaan olisikin lähtötelineissä. Tämä selittänee sen, että kansan fysiikka kaihtaa moisten nopeuksien ajatteluakin. Kvanttifysiikka niitä joskus soveltaa.

1100-luvulla syntyneet yliopistot ottivat Aristoteleen tuolloin lähes 1500 vuotta vanhat opit tieteittensä perustaksi. Teologit olivat tuolloin hänen logiikkaansa oppiensa selityksissä jo kauan soveltaneet. Aristoteleen tieteen opeissa oli runsaasti uskon dogmien vastaisia käsityksiä. Jumalan kaikkivoipuus oli arka paikka, joten oli niin väärin väittää, että kaksi kappaletta eivät voi samaan aikaan olla samassa paikassa. Vilkasta keskustelua käytiin myös siitä, voivatko enkelit siirtyä paikasta toiseen suoralla hypyllä kulkematta niitä erottavan tilan läpi jopa siirtymällä ajattomasti paikasta toiseen. Näillä tuumailuillaan he ennakoivat kvanttifysiikan tuloksia. Tosin heidän peruste-luaan "kyllä Jumala pystyy sen saamaan aikaan!" ei enää käytetä. Ilmiöitä, jotka ovat ihmismielelle intuitiivisia mahdottomuuksia, ei tieteessäkään juuri selitellä. Fyysikot kertovat hieman noloina, että niin vaan mittaukset näyttävät. Plantingan väite siitä, että pelkkä luonnonvalinta ei pystyisi luomaan aivoja, jotka todellisuuden täysin käsittävät, on totta. Eivät ne pystykään. Toisaalta luonnonvalinnalta ei voine vaatia, että eloonjäämisen tarpeitten vaateista syntyneet kognition kyvyt pystyisivät virtuaalihiukkasten hyörintää ymmärtämään. Jos Jumala on olemassa, hän olisi ...?

Painovoimaa, joka vaikuttaa matkan päästä ilman suoraa kosketusta, pidettiin aluksi taikauskona. Kun voimat nykyisin selitetään välittäjähiukkasten vaihtona, on tavallaan palattu intuitiivisesti ymmärrettävämpään selitykseen. Kappaleitten aineellinen luonne hämärtyi, kun Einstein määritteli aineen ja energian samaksi asiaksi. Nykyisin ainehiukkanen määritellään joskus "muuttujien joukon käsitteelliseksi kantajaksi". Teemme mittauksia ja kuvaamme tuloksia joukolla nimilappuja. Ne ovat vain mittausten ja nimilappujen suhteita. Aineellisuuden käsittämisen äiti on massa, joka tekee kappaleista kouriintuntuvan maallisia olioita. Nykyfysiikka pitää sitä toisarvoisena suureena, joka syntyy vuorovaikutuksista Higgsin kentän kanssa. Sitä ei ilman niitä ole.

Kari Enqvistin mukaan ei ole erikseen hiukkasia ja kenttiä. On vain kvanttikenttiä. Hiukkanen on niiden perusväre. Säteily tarkoittaa hiukkasen liikettä, jossa sen liike-energia on paljon suurempi kuin sen massa. (*Kari Enqvist Monimutkaisuus s. 103 WSOY 2007*)

Hiukkasia ei oikeastaan edes ole, mutta käsitettä on pakko fysiikassa käyttää, jos yleensä haluaa jotain sanoa. Kaikki mielikuvat, jotka katsovat sen pistemäiseksi aineelliseksi kiinteäksi kappaleeksi, ovat myös vääriä. Mutta kun kuulee sanan hiukkanen, niin sellaisena sen intuitiivisesti käsittää.

Kvanttifysiikka on siis eräänlaista satoria sekin siinä mielessä, että se on lähes mahdotonta selittää sanallisesti. Käytetyt kaikille tutut termit eivät kelpaa. Mutta jos massasta puhuessaan alkaa selittää sitä Higgsin kentän kautta ja hiukkasesta puhuessaan käyttää kvanttikentän värähtelyjä, menettää lukijansa saman tien. Fyysikot hyödyntävät itse matematiikkaa, mutta maallikolle suunnatuissa kirjoissa siihenkään ei voi turvautua.

Joten ei ihme, että fyysikot eivät mielellään metafysikoimaan sorru. Jos sortuvat, niin hekin kirjoittavat usein puuta heinää vetämällä faktoista liian pitkälle vietyjä johtopäätöksiä. Lukijoita saa myös enemmän, jos väittää tulosten vahvistavan tuhansien vuosien takaisia uskontojen innovointeja. Tämä on mahdollista, koska jokapäiväisen käyttökielen käsitteet ja arkijärjen ymmärrys eivät enää pysty kvanttifysiikasta kertomaan eivätkä sitä sulattamaan. Selitykset saattavat olla täysin järkevän tuntuisia. Mutta jos fysiikkaa hyvin ymmärtävä ryhtyy niitä ruotimaan, hän huomaa, että ne eivät loppujen lopuksi puhu mistään.

Vlatko Vedral selittää, miten universumi voidaan käsittää kvantti-informaation näkökulmasta. Jos hiukkanen aiheuttaa ilmaisimessa klikkauksen, ei voi sanoa, että klikillä on mitään syytä, väittää hän. Hiukkanen voi näet olla samanaikaisesti sekä olemassa että ei olemassa. Olisi nyt sanonut, että oli hiukkanen sentään syyn puolikas. Tai että mitään klikkaustakaan ei oikeastaan ole. (*Vlatko Vedral Decoding Reality s. 202 Oxford University Press 2010*)

Jos kaikki aineeseen liitetyt ominaisuudet häviävät, mitä jää jäljelle? Max Tegmarkin mielestä ulkoinen todellisuus on matemaattinen struktuuri. (*Baggott s. 236*) Se koostuu abstrakteista entiteeteistä ja niiden välisistä suhteista. Luvut olisivat silloin olemassa itsestään eikä ihmisten keksiminä. Ja ne olisivat osaltaan ultimaatumin perimmäisiä hiukkasia. Mikäli uskomme ajatusta, että matematiikka on ihmisaivojen kognitio-kykyjen tuote, niin Tegmark on väärässä. Lainaamalla Plantingan logiikkaa voisi toki väittää, että matematiikka + luonnonvalinta pystyy todennäköisemmin tuottamaan matematiikkaa ymmärtävät aivot kuin pelkkä luonnonvalinta. Mutta ei nyt lainata eikä väitetä.

# Pakina 15 Neuronien ylimaallisuuksia

Pakinoitsija ottaa selvää, miten kognitiiviset prosessit luovat uskomuksia luottaen tutkijaan, joka ajattelee ihmisen syntyneen uskomaan.

Andrew Newbergin ja Mark Robert Waldmanin kirjassa Born to Believe (Syntynyt uskomaan) kerrotaan siitä, miten uskomukset syntyvät ja miten ylimaalliset sellaiset näkyvät aivojen toiminnassa. Tutkijoiden lähtöoletus on rienausta Dobbinsin tapaisille, koska siinä spirituaalisuus ajatellaan niin aineelliseksi, että sitä kokiessa neuronijoukot villiintyvät ja pääkopan kenties kuumentavat. (*Andrew Newberg, Mark Robert Waldman Born to Believe: God, Science, and the Origin of Ordinary and Extraordinary Beliefs Free Press eBook*)

Aivojen kognitiiviset prosessit ovat osallisia uskomusten muodostumisessa. Uskomukset ovat olennaisesti väitteiden kaltaisia henkisiä olioita, joihin liitetään tosi/epätosi määreet. Jos uskoo johonkin, pitää sitä totena. Yksi kognition prosesseista on abstraktiivinen funktio, joka lajittelee neuraaliset ärsykkeet viivan, muodon, syvyyden ja värin kaltaisiin kategorioihin. Kokemamme informaatio ei aluksi ole kokonainen auto, vaan vasta holistinen funktio tekee siitä paketin, johon liitetään nimi auto. Näin maailman esineet erottuvat toisistaan niin, että kun näkee esineen luonnossa tai kuvana tai tekstinä ja kuulee jonkun sanovan "auto", tietää, mitä tarkoitetaan. Lapsille kehittyy varhain kyky laputella konkreettisia esineitä, mutta henkisemmät vapauden kaltaiset käsitteet tuottavat vaikeuksia. Sama koskee jumalaa, joten hän ei tässä mielessä ole konkreettinen olio.

Todellisuus muuttuu siis abstrakteiksi kategorioiksi ja nimiksi, jotka ovat uskomuksia ja oletuksia maailmasta, jota ei voi suoraan havaita. Nimilaput, uskomukset ja todellisuus ovat tässä mielessä yksi ja sama. Jos tämän laputtelun ja esineitten toisistaan erottamisen kyvyn menettää, hukkaa samalla kyvyn toimia normaalisti elämässään. Niin että kun meditaation avulla lopettaa abstrahoinnin ja muut kognition prosessit, niin luonnollisesti sitä päätyy kokemaan maailman yhtenä. Se että päätyy myös julistamaan nämä tuotokset todellisuudessa olemattomiksi, on sitten kai pelkkä makuasia. Sama pätee, jos julistaa erillisyyden illuusioksi. Ainakin se on varmaa, että valaistumisen tilassa autoa ei ajeta.

Kaikki havainnot todellisuudesta muuttuvat abstrakteiksi informaation paketeiksi, jotka muodostavat käsitteellisen todellisuuden. Ultimaattinen todellisuus on ensin rajautunut siihen, mitä aistimme pystyvät havaitsemaan. Niiden saama informaatio muokkautuu sitten kutakuinkin kaikissa niissä soluissa, joiden kautta se kulkee. Aivojen prosessit muokkaavat niitä kehon eri toimintoja varten ilman, että tiedämme siitä mitään. Tietoisesti tajuamme tuloksista hyvin pienen osan. Aivojen puoliskoilla on kummallakin oma tietoisuutensa, joten nähtävästi kokemamme on niiden versioitten yhdistelmä.

Daniel Dennettin mukaan kaikki kommunikaation muodot ovat kielellisesti ilmaistujen uskomusten muotoja, tarkoituksellisia propositioita, jotka joku toivoo välittävänsä toiselle eri syistä. Täten monet uskomukset, joista olemme tietoisia, on muodostettu ja rajattu kieltä hallitseviin sääntöihin. Tietoisuus perustuu eri logiikkaan kuin mitä aivojen eri osat käyttävät. Uskomukset riippuvat logiikan eri systeemeistä. Jos niiden palaset eivät sovi yhteen, alitajuntaiset prosessit yrittävät johdonmukaistaa ne. Havainnoista osa hyväksytään, osa hylätään, ja kokonaisuus tulkitaan siistiksi loogiseksi paketiksi. (*Newberg s. 39*)

Newberg on tutkinut rukousten ja meditaation vaikutusta ihmisten aivoihin. Hän uskoo, että evoluutio on kehittänyt ylimaallisen kokemiseen neurologisen koneiston, koska uskonnollisuus on hyvinvoinnin kannalta hyödyllistä. Jumala ei ole tietoisen ajattelun tuotos, vaan Hänet on keksitty (löydetty?) aivojen tuottamien mystisten ja spirituaalisten kokemusten myötä. Hän uskoo, että tämä mielen ylimaallisen kokemisen koneisto voi tarjota väylän, jota kautta voi nähdä välähdyksiä perimmäisestä todellisuudesta. Tämä voi paljastaa jopa jotain ultimaatumin jumalallisesta versiosta. Mitään todellista näyttöä tukemaan moisia uumoiluja hänellä ei ole tarjota.

Ihmisen aivot saavat tietoiset kokemukset eri ilmiöistä tuntumaan todellisilta tai vähemmän todellisilta eri tavoin. Niihin pitää liittyä mielellään voimakkaita tunne-elämyksiä ja niiden pitää kestää riittävän kauan. Niiden pitää myös päätyä pitkäaikaisen muistin sisällöiksi. Kyseessä ei tarvitse edes olla aistielinten kautta tulleista viesteistä syntyneitä kokemuksia, vaan ne voivat olla omien aivojen sisältämiin uskomuksiin keskittymistä. Meditaatiossa ulkoiset aistiärsykkeet pyritään tietoisesti minimoimaan mahdollisimman vähäisiksi. Todellisuuden tunteen voimakkuus ei näytä mitenkään riippuvan siitä, syntyykö se ulkoisesta lähteestä vai mielen omista sisällöistä. Sitä ei siis voi käyttää todisteena siitä, että oletettu lähde olisi reaalisesti olemassa.

Newbergin työryhmät ovat kuvanneet rukoilevien nunnien aivoja, kielillä puhuvan helluntalaisen ja meditoivien buddhalaisten aivoja. Eräissä kokeissa tutkittiin miestä, joka oli ateisti, mutta harrasti mietiskelyään keskittymällä Jumalan kuviteltuun kuvaan. Hänellä oli ollut joskus henkinen elämään vahvasti vaikuttanut kokemus. Hän oli sen jälkeen muuttunut agnostikosta ateistiksi. Hän oli myös täysin lakannut uskomasta ikuisen elämän mahdollisuuteen. Tässäkin tapauksessa henkisen kokemuksen tulkinta riippui aikaisemmista uskomuksista. (*Newberg s. 195*)

Aivojen orientaatioalueet käsittelevät ympäristöstä tulevaa aistitietoa, joiden perusteella ihminen ulkoisessa maailmassa toimii. Samalla itsen ero muiden kanssa on mahdollista kokea. Kun meditaation keinoin ympäristön informaatio vähenee, kokijan mielessä erottuminen muista alkaa hämärtyä ja hän alkaa tuntea olevansa yhteydessä kaiken kanssa. Vauriot näillä alueilla hämärtävät myös omaa kehoa koskevia tuntemuksia niin, että potilas saattaa tuntea toisen raajansa olevan hänestä erillään ja kuuluvan jollekin toiselle. Potilas on päässyt vain osittain meditoinnissa pyrittävään tilaan, koska vain osa omasta kehosta on yhteistä kaiken kanssa. Luonnollisesti kokemus jossain paikassa olemisesta katoaa, mutta myös ajan kulun tuntu saattaa hämärtyä. Loogiset kognition koneistot houkuttelevat sitten kertomaan, että erillisyyttä ja aikaa ei ole. Ja että ulkoista todellisuuttakaan ei ole.

Samalla syntyy tunteita yhteydestä johonkin suurempaan. Kokijan uskomusjärjestelmästä riippumatta vaikutuksia ilmeni samoilla aivojen alueilla. Koska nunnien uskomukset Jumalasta ovat sanallisesti ilmaistua, heillä näkyi myös muutoksia kieltä käsittelevillä alueilla. Buddhalaiset keskittyivät kokeessa kuvittelemaan pyhää kuvaa, joten heillä muutos näkyi näön alueilla. Ateistin aivot reagoivat jonkin verran eri tavoin. Kokemuksen aikana hän tunsi voimakasta tarvetta uppoutua kokonaan "Jumalan kuvaan", mutta samalla hänen uskomusjärjestelmänsä kuiski, että kyseessä on pelkkä fantasia.

Ateisti ajatteli kokemustensa olevan aivojen tuottamia mielentiloja ilman sen suurempia maailmankatsomuksellisia merkityksiä. Nunna tulkitsi kokemuksensa Jumalan läsnäoloksi eikä väittänyt ulkoista todellisuutta olemattomaksi. Sanojen ulottumattomissa oleva halutaan joka tapauksessa selittää jonkun jo opitun teorian käsittein.

Koska ylimaalliset kokemukset muuttavat usein voimakkaasti ihmisten elämänkulkua, niihin täytyy liittyä voimakkaita tunteita. Kulun uskotaan suuntaavan kohti parempaa elämää ja korkeampaa moraalia. Tosin epäilen, että sama ilmiö saattaa olla terroristeiksi muuttumisien takana, mutta kaipa nämä itse pitävät muutosta positiivisena. Kokemusten täytyy tuntua myös todellisilta jostain reaalisesti olemassa olevasta lähteestä kumpuavina.

Skeptikkojen ja uskovien aivot toimivat eri tavalla. Ero näkyy herkkyydessä havaita hahmoja kaikkialla kuten kasvoja Marsin pinnan kuvissa tai sanoja kirjainten sekasotkussa. Uskovat ovat valmiimpia tekemään johtopäätöksiä paljon vähäisimmin perustein kuin epäilijät.

Erilaiset neurokemikaalit ja hormonit voivat olla spirituaalisten kokemusten takana. Uskontojen harjoittajilla näyttäisi olevan korkeammat dopamiinitasot kuin uskonnottomilla. Kun skeptikoiden dopamiinieritystä lisättiin L-dopalla, nämäkin muuttuivat kiusallisista nipottajista rennoiksi näkijöiksi. Toinen vaikuttava ero saattaa olla aivopuoliskojen välinen aktiviteetin tasapaino, joka tekee ihmisrobotista uskovan tai ateistin. Serotoniini säätelee emootioita, käytöstä ja ajatuksia, joten silläkin lienee roolinsa henkisissä kokemuksissa. (Barrett s. 218)

Transsendenteilla mystisillä henkisillä kokemuksilla on siis todellinen biologinen komponentti, joten eivät ne ylimaallisina henkäyksinä taivaasta tule. Pitkäaikaiset henkiset harjoitukset muuttavat aivojen rakenteita pysyvästi. Newberg väittää, että tärkein muutos on se, että talamuksessa vallitsee epäsymmetria: vasen puoli on aktiivisempi kuin oikea. Muutos vaatinee pitkään jatkunutta meditaation harjoittamista. Tutkitulla ateistilla oli myös tämä ominaisuus, jota normaalilla väestöllä ei ole. Hän oli harjoittanut meditaatiota lähes kolmekymmentä vuotta. Jos tämä rakenne toisaalta onkin jo syntyessä saatu, kirjan nimi Syntynyt uskomaan ainakin siinä tapauksessa tulee oikeutetuksi. (*Newberg s. 206*)

Jos jatkuvasti harjoittaa meditaatiota tai rukoilee jotain kohdetta, tuntemuksista tulee yhä todellisemman tuntuisia. Se ei tarkoita, että rukoilun kohde olisi reaalinen. Aisti-informaatiota käsitellään aivojen eri osissa, mutta otsalohkojen alueilla ihminen konstruoi reaalisuuden version, jonka ei tarvitse enää olla missään yhteydessä ulkoisesta maailmasta tulevaan tietoon. Tästä reaalisuuden versiosta tietoiset uskomuksemme sitten tulevat. Tämä tarkoittaa, että jos ajattelet mukavia, uskomuksesi maailmasta ovat myönteisiä, jos ikäviä, maailmakin on ikävä. Meditoijan ja rukoilijan tietoisesti suunnatut mietiskelyt saavat näin maailman tuntumaan mukavalta ja olon onnelliselta. Tämä ei tarkoita, että maailman asiat todella ovat sitä tai että olioita, joihin uskova uskoo, olisi olemassa.

Newberg suhtautuu myönteisesti siihen näkemykseen, että meditaation aiheuttamat aivotoimintojen muutokset voivat tuottaa tietoa ultimaattisesta todellisuudesta kaiken takana. Hän ajattelee, että jos pystyisi vaimentamaan kaikki uskomussysteemit, näkisi kenties perimmäiseen todellisuuteen suoraan. Newberg katsoo, että kokija on löytänyt keinon astua uskomusjärjestelmänsä ulkopuolelle ja kokee näin todellisuuden avoimemmin. Yhtenä syynä tähän on, että samalla pystyy ohittamaan käsitteelliset logiikkaan, järkeilyyn ja omiin mielipiteisiin liittyvät erehdykset. Kenties tätä kautta voi löytyä keinot osua yhteyteen, joka vallitsee aivojen luoman reaalisuuden ja sen fundamentaalisen reaalisuuden välillä, joka yhdistää meidät elämään, universumiin ja kaikkeen.

Käytännössä harvat ylimaallisuuden harrastajat unohtavat omat entiset uskomuksensa ja käyttävät kokemuksiaan vain vahvistamaan luottamustaan niihin.

## Pakina 16 Henkisyyden henget

Pakinoitsija yrittää edelleen selvittää, mitä henkisyys loppujen lopuksi tarkoittaa turvautumalla sekä jyrkkään ateistiin että vielä jyrkempään teistiin. Hän epäonnistuu surkeasti.

Se, mitä eri kirjoittajat henkisyydellään tarkoittavat, jää hieman hämäräksi. Kävin läpi kahden kirjoittajan käsityksiä asiasta. Sam Harris on meditaation harrastaja ja jyrkkä ateisti. Hän on kirjoittanut kirjan Waking Up, joka on opas henkisyyteen ilman uskontoa. Mike Dobbins on teisti, joka ilmaisee kirjassaan Atheism as a Religion (Ateismi uskontona) syvän vastenmielisyytensä moista iljetystä kohtaan. Hän on vakaasti sitä mieltä, että mitään henkisyyksiä ei voi ilman uskontoa olla. Koska ateistit eivät usko sieluun, korkeampaan voimaan tai maailman jumalalliseen luontoon, he eivät saa käyttää sanaa spiritual kuvaamaan henkisyyttään. Kun Harris siis elää henkisiä kokemuksiaan, ne eivät ole henkisiä, koska hän ei usko edellisiin ihanuuksiin.

*(Dobbins, Mike (2014-07-14). Atheism As A Religion: An Introduction to the World's Least Understood Faith. Loc 943 -- Kindle Edition.)*

Harrisin käsitys henkisyydestä ei minullekaan oikein valjennut. Hän sanoo haluavansa vakuuttaa lukijansa siitä, että tavallinen tunne itsestä on illuusio ja spirituaalisuus suurelta osin on tämän huomaamista. Edelleen hän väittää, että "Tunne, että katselemme maailmaa jostain silmiemme takaa, voidaan muuttaa tai kokonaan poistaa. Tällaisia itsetransendenssin kokemuksia pidetään uskonnollisina, mutta niissä ei ole mitään irrationaalista. Sekä tieteellisestä että filosofisesta näkökulmasta ne edustavat selkeämpää ymmärrystä siitä, miten asiat ovat. ... Tämän ymmärryksen syventäminen ja toistuva leikkaus itsen illuusion läpi on sitä, mitä henkisyydellä (spirituality) tämän kirjan kontekstissa tarkoitetaan."

*(Harris, Sam (2014-09-09). Waking Up: A Guide to Spirituality Without Religion (p. 9). Simon & Schuster. Kindle Edition.)*

Länsimaiden uskontojen kehosta erillinen sielu haittaa näissä pyrkimyksissä eikä Minästä kuollessakaan haluta eroon. Sitä tarvitaan ainakin siinä, että Jumalakin pystyy huomaamaan, että se on Matti sieltä Maaningalta, joka tuossa Häntä palvoo. Olisi suuri harmi, jos kaikki kuolleetkin yhtyisivät hengessä muodostaen epämääräisen aineettoman massan, jossa tämä yksilöitä täsmentämätön kollektiivi virsiä veisaisi. Joukkoon saattaisi livahtaa joku, jota Jumala ei porukkaan etukäteen komentanut.

Harris on sitä mieltä, että jos meditaation avulla hävittää Minänsä, ymmärtää todellisuutta paremmin. Tämä ei tarkoita, että tietoisuus häviäisi samalla. Koska siinä aivojen toiminnot muuttuvat, voidaan edelleen kysyä, lakkaako siinä osa sen prosesseista toimimasta. Koska kaikki eläimet eivät ole tietoisia Itsestään, niin kenties meditoija siirtyy niiden henkiseen olotilaan? Ne ymmärtävät paremmin ultimaatumia kuin ihmiset?

Itämaisista guruista puhutaan joskus kuin he olisivat kaikkitietäviä ja kaikkeen kykeneviä. Harris kieltää moiset väitteet jyrkästi. Minullakin on joskus unessa ollut tunne, että olen keksinyt ratkaisun johonkin kysymykseen. Herättyäni juttu on joko tuntunut naurettavalta tai kokonaan unohtunut. Jospa näille valaistuneille vastaava tunne ilman täsmällistä kohdetta jää pysyväksi?

Sanoina uskonnollinen, henkinen, hengellinen, uskomus ja usko ovat epämääräisiä. Ihmisten mielissä on eri käsitykset niiden merkityksistä, mikä tekee keskusteluista loputtomia ja ratkaisemattomia kinasteluita. Esimerkiksi Dobbinsin mielestä ateisti ei voi määritellä ismiään sanomalla, että "häneltä puuttuu usko Jumalaan." Moisen niljakkeen pitäisi osoittaa älyllistä rehellisyyttä edes sen verran, että myöntää uskonsa siihen, että Jumalaa ei ole, olevan uskoa. Joten vaikka Dobbins on oikeassa siinä, että ateismi on uskoa, niin on hän samalla pahan kerran väärässä. Uskottoman kertomana sanan merkitys ei ole sama kuin teistillä ihan niin kuin Dobbinsin mielestä ateistin spiritual ei ole uskovan spiritual. (Dobbins *esim. luvussa Atheism as Faith*)

Harris on tiedemies ja tutkinut aivojen toimintaa. Hän kertoo meille selittelyjen kera, että "väitteellä, että me voimme kokea tietoisuuden ilman tavallista itsen tunnetta – että ei ole mitään ratsastajaa hevosen selässä – näyttää olevan luja neurologinen perusta. Mikä sitten saa aivot tuottamaan väärän huomion, että siellä on ajattelija elämässä jossain pään sisällä, käy järkeen, että sen voi pysäyttää sitä tekemästä. Ja kun sen tekee, sisäiset elämämme tulevat luotettavammiksi faktojen suhteen." (Harris s. 116)

Edellisessä tuo "väärä huomio" tuntuu liioittelulta. Harris perustelee itsen olevan illuusio sillä, että sen tunne katoaa lähemmässä tarkastelussa kuten muutkin illuusiot. Monet näkemiseen liittyvät eivät tosin katoa, vaikka ne vääriksi tietääkin. Tämä kenties katoaa, kun aivojen toiminta muuttuu, mutta voihan se uusikin kokemus olla illuusio. Toisaalta jos näkökeskus vaurioituu ja tulee sokeaksi, aikaisemmin nähtyjä ei harhoiksi julisteta.

Minän julistaminen illuusioksi Harrisin tavoin on minusta hieman epäilyttävää, sillä samalla tavalla voi julistaa kaikki aivojen luomat henkiset asiat niiksi. Tollen tavoin voi sitten väittää, että kaikki tietoisuuden kokemat maailman esineet ovat harhaa, vaikka ei menisikään niin pitkälle, että julistaisi ne pelkästään aivojen luomiksi ilman ulkoisesta todellisuudesta saatua aistiinfoa. Itsen harha on laadultaan eri asia kuin iPhone-illuusio, vaikka joskus näyttääkin siltä, että niillä ei ole mitään eroa. Mutta Minäkin on aivojen luoma ja nojaa ulkoiseen todellisuuteen ainakin jos omaa kehoa sellaisena pidetään.

Aivojen ulkoisen todellisuuden esineistä luomat abstraktiot ovat henkisiä olioita jopa ateistinkin aivojen epäilyttävinä kyhäelminä. Kun ihmiset harrastavat kulttuuria tekemällä alun perin ainakin joskus jossain jonkun aistien kokemasta luoduista abstraktioista uusia ja jatkamalla tätä niin, että ajattelu nousee yhä korkeampiin sfääreihin kognitoimalla abstraktioiden abstraktioiden ... abstraktioita äärettömiin saavutetaan lopulta henkisyyden maksimi, jolla ei ole enää mitään tekemistä aistien kautta koetun todellisuuden kanssa. Joidenkin filosofien kirjoitukset nousevat kohti tätä ihannetta. Mutta ehkä se, että minä en niitä ymmärrä, ei ole kovin todistusvoimainen fakta.

Buddhalaiset näyttävät ajattelevan täysin päinvastoin. He uskovat, että sammuttamalla koko Minän sisältämän uskomusjärjestelmän aivojen prosesseja vaimentamalla päädytään lopulta henkisyyden maksimiin. Samalla kurkistetaan ultimaattiseen todellisuuteen suoraan ilman Itseä asioita sotkemassa. Myös meditoijat joutuvat silti luottamaan aivojensa luomaan todellisuuteen. Ei ole mitään syytä uskoa, että hekään kovin paljon lähemmäs ultimaatumia päätyvät.

Pakinoitsijaa kiinnostavat moraalin asiat. Hän pitää naurettavana väitettä, jonka mukaan vain usko Jumalaan takaa hyväksyttävän moraalin.

Olen lukenut tarinoita siitä, miten joku saa voimakkaan henkisen tunnekokemuksen ja toivuttuaan yhtäkkiä tuosta vaan on hyvän ruumiillistuma. Lehdissä ei esiinny juttuja, joissa kerrotaan, miten se ja se valaistui ja muuttui pahaksi. Terroristiksikin muuttuminen on toisesta näkökulmasta katsoen hyväksi tulemista, joten suhteellista on uskontojenkin moraali.

Teistit muistavat toistuvasti muistuttaa, että tieteet eivät voi sanoa mitään oikeasta tai väärästä. Olen lukenut melkoisen määrän kirjoja, joissa ne siitä jotain sanovat. Niissä ei väitetä, että se ja se moraalinen väite on ehdottomasti väärin tai oikein, vaan selitetään, miten moraali on ymmärrettävissä evolutiivisen kehityksen kautta. Teistit tarkoittanevat, että heidän Jumalansa siihen kyllä pystyy. Pystyi tai ei, uskovilla ei ole mitään luotettavaa keinoa tietää jumaliensa mielipiteitä. Eri uskonnoilla näyttää myös olevan perin erilaisia käsityksiä hyvästä ja pahasta. Niin että oikeassa ovat tuon absoluuttisuutensa kanssa. Vanhan testamentin Mooseksen kirjojen silmäily saa äkkiä kiittämään sitä, että käytännössä suhteellisuus on voittanut.

Pyrkimys kehittää henkisyyttäni vaatii minua tätäkin puolta tutkimaan. Haluan tietää, onko minut absoluuttisesti tuomittu pahaksi, jos en pysty henkiseksi henkilöksi transformoitumaan. Onko moraalini pysyvästi kelvotonta, jos sen suhteelliseksi huomaan ja onko tarjolla tieteellistä ehdottoman moraalin mittapuuta? Kas siinä kaksi perimmäistä kysymystä.

Moraalin edes pikku riikkisen absoluuttiseksi osoittaminen on sekä uskovien että uskonnottomien pyrkimys. Sam Harris yritti sitä. Dobbins kommentoi sanomalla, että tiedemiehet eivät juo Harrisin käärmeöljyä. He tietävät, että ilman henkistä dimensiota ei ole mitään objektiivista moraalia. (*Dobbins, Mike (2014-07-14). Atheism As A Religion: An Introduction to the World's Least Understood Faith p. 82 Loc 778 Kindle Edition.*)

Dobbinsin mielipiteet ovat perin ehdottomia. Hän julistaa, että jos ateisti viettää korkeaa moraalista elämää, tämä vain teeskentelee olevansa hyvä. Hänellä näet ei ole mitään tapaa perustella, miksi joku on hyvää ja toinen pahaa. Uskovalla sellainen on. Jos Jumala on olemassa, niin on teoriassa. Jos ei, niin ei edes teoriassa. Käytännössä ei kummassakaan vaihtoehdossa. Dobbins olettaa etiikan taustaksi synnynnäiset moraaliset vaistot. Hengelliset ihmiset ovat hyviä siksi, että "Jumala on antanut heille ja jokaiselle kompassin, jonka avulla tietää, mikä on hyvää tai pahaa." Ateisteilla on tämä sama hyvyyden suuntaan neuvova moduuli, koska he ovat henkisiä olentoja, vaikkakin kieltävät sen. Mutta voi itku! Heillä se lopulta kehittyy moraaliseksi relativismiksi! Minkä tahansa tien ateisti haluaa valita kompassinsa avulla, se tulee hyväksi. (*Dobbins s. 83*) Teisti voi sentään tarkistaa asiat Pyhistä kirjoistaan. Paha kyllä hän usein antaa uskontonsa käskyjen ohittaa moraaliset vaistonsa, jolloin älyttömyydetkin muuttuvat järkeviksi. Käytännössä uskovien ja ateistien etiikat eivät eroa toisistaan. Toinen selittää omansa Jumalalla ja toinen evoluutiolla. Uskova tiedemies molemmilla. Antropologi Pascal Boyer väittää, että "ihmisen evoluutio yhteistyötä tekevänä lajina riittää selittämään moraalisen päättelyn psykologian eli tavan, jolla lapset ja aikuiset käsittelevät mielessään toiminnan moraalisia ulottuvuuksia. Tämä ei edellytä mitään uskonnollisen toimijan käsitystä tai erityisiä säädöksiä tai seurattavia esikuvia." (*Pascal Boyer Ja ihminen loi jumalat WSOY 2007 s. 218*)

Moraali ei synny siten, että lapset pakotetaan lukemaan kymmenen käskyä ja kehotetaan noudattamaan niitä. Ei riitä, että toisen lyöminen julistetaan kielletyksi. Lyömisestä täytyy seurata syyllisyyden tunne. Se kehittyy sitä mukaa, kun lapset oppivat tajuamaan toisten ajatuksia. Jos moraalitunteet eivät kehity, ei moraalinen kompassikaan toimi. Joten jos sen katsoo Jumalan sieluun upottamaksi, kaikille sitä ei ole suotu. Lutherin taivaaseen pääsyn teoriastakin tulee näin uskottava?

Ajatusta, jonka mukaan moraali on täysin ihmisten tuotetta, kaihdetaan molempien osapuolten taholta. Ihmisen luonnollisten uskomusten mukaan moraalin ajatellaan olevan tavallaan jopa ehdottomampi kuin teistien versio on: Jumalakaan ei pysty moraalisia käskyjä muuttamaan. Suhteellisuuden ajatellaan tarkoittavan sitä, että "mitä minä pidän hyvänä, on yhtä hyvää kuin mitä sinä pidät hyvänä, eikä kukaan pysty toisin väittämään." Teoriassa voi olla näin. Käytännössä ihmisyhteisö toimii tuomarina. Jumalan diktatuuri korvataan enemmistön diktatuurilla. Mitä suurin osa yhteisön ihmisistä pitää hyvänä, on hyvää ja sillä siisti. Kehityksen mahdollistaa se, että kukaan ei usko edelliseen väitteeseen eikä siis näin syntyvän moraalin absoluuttisuuteenkaan.

Eri yhteiskuntien käsitykset joka tapauksessa eroavat, joten moraali on relativistista. Se on fakta, jota ei millään toiveajattelulla pysty kumoamaan. Samalla tavalla kuin tieteessä ajatellaan jonkun teorian olevan oikea, jos se on saavuttanut tiedemiesyhteisön hyväksynnän, voi ajatella käsityksen hyvästä olevan oikean, kun se on saavuttanut enemmistön hyväksynnän. Se ei ole täysin mielipiteen asia kummassakaan tapauksessa. Tieteessä teorian täytyy perustua ulkoiseen maailmaan liittyviin empiirisiin faktoihin, joiden perusteella voi tehdä erilaisia tulkintoja. Etiikan tapauksessa taustalla täytyy faktojen lisäksi olla liuta kaikille yhteisiä synnynnäisiä moraalitunteita.

Kun aivojen tutkimus kehittyy, voimme odottaa tieteitten tuottavan etiikan faktoja samassa mielessä fyysikot keksivät fysiikan faktoja. Tieteessä on saavutettu tila, jossa luonnontieteissä enemmistön mielipiteet hyväksyvät kaikkien maailman kansojen tiedemiehet. Uskonnot sisältävät runsaasti keinotekoisia "luonnollisen moraalin" vastaisia käsityksiä. Ne muodostavat toistaiseksi ylittämättömän esteen globaalin etiikan kehitykselle. Joten todellista edistystä tapahtuu vasta, kun uskosta uskontojen moraaliseen ylivaltaan on päästy eroon.

Pakinoitsija päätyy siihen, että hengelliset eivät tule hänen moraaliaan arvostamaan, vaikka hän pyhimykseksi muuttuisi. Ainoaksi pakotieksi jäi henkisyyden käsittäminen informaatioksi, mikä on niin ihanan tieteellistä.

En pysty jakamaan Dobbinsin kaltaisten hengenmiesten käsityksiä, joiden mukaan ainoaa oikeaa ja hyvää on moraalin käsittäminen Jumalasta lähteväksi. Ilman tätä uskoa saa heidän mielestään elää miten hyveellisesti tahansa eikä taivaspaikkaa aukene. Vaadittavaa henkishengellistä ulottuvuutta minusta ei löydy ja se siitä.

Minun täytyy siis etsiä sellainen henkisyyden versio, jonka voin uskoa minussakin asustavan. Sellainen on olemassa informaation muodossa, jonka väittäminen perimmäiseksi todellisuuden kamaksi on varsin suosittua. Enqvist ei ole vielä tähän uskoon tullut, mutta kirjallisuutta selaamalla löytyy aina joku sielunkumppani, jonka mielestä sielukin on sitä.

Informaatio on henkisempää kuin atomit, joten se kelpaa paremmin etiikan saralla. Trevelyanin nimellä kirjoittava tiedemies esittää ajatuksen, jonka mukaan tekojen moraaliset arvot voisi ilmoittaa bitteinä. Hän ei luota uskontojen auktoriteettiin relativistisuuden torjunnassa, vaan haluaa selkeän tieteellisen metriikan. Onhan se niin, että vain urheilussa ihmisten välinen paremmuus voidaan selvittää absoluuttisesti. Kun toinen juoksee satasen yhdeksässä ja toinen kymmenessä sekunnissa, asia on sillä selvä. Jos siis jonkun teot lisäävät sielujen informaatiosisältöjä 45 gigabittiä ja toisen vain 10 (tai vähentävät sitä), Jumalallakin on helpompaa miettiessään, kummalle taivaan portit avaa. (*Trevelyan (2013-09-15). Eternity: God, Soul, New Physics (Kindle Locations 3415-3416) Kindle Edition.*)

Trevelyan yhdistelee tieteen ja uskonnon käsityksiä, mikä on perin epäilyttävää ja hyvin suosittua harrastelua Amerikoissa. Hän määrittelee mielen subjektiivisena kuvauksena aivojen toiminnasta. Kaikki mentaalinen perustuu aineeseen eikä ole erillään kehosta. Tietoisuus tarkoittaa rajatussa mielessä ympäristöstään selvillä olemista, mikä on palautettavissa neuronien toimintaan.

Kysymystä subjektiivisesta kokemuksesta pidetään ongelmana, jolle ei ole vielä tieteellistä ratkaisua. Trevelyan on keksinyt, että filosofi Chalmersin käsitykset vievät hänet loogisesti oikealle polulle kohti sielun todistamista informaatioksi. Jos myös universumi käsittelee informaatiota, sillä on sielu ja kenties sekin on tietoinen? Tämä avaa ihan uusia näkymiä uskonnollisen ajattelunkin suhteen.

Chalmers väittää, että tietoisuus ei ole koskaan selitettävissä pelkän fysiikan avulla. Täydellisessä kaiken teoriassa fysikaaliset lait selittävät aineellisten systeemien toiminnan, psykofysikaaliset puolestaan, miten edelliset voidaan yhdistää tietoiseen kokemukseen.

Informaatioteoriassa ei juuri puututa sen ihmiselle tärkeimpään puoleen, merkitykseen. Siinä käsitellään aineellisia siirtämisen ja tallentamisen yksityiskohtia. Chalmers painottaa sitä, että informaation sisältämällä tarkoituksella on aina myös subjektiivinen kokemuksellinen laatu. Tietoisen kokemuksen informaatio on fysikaalisella tasolla aivojen materiassa ja informaation itsensä tasolla tietoisena tunteena jostain. (*David J. Chalmers The Puzzle of Conscious experience Scientific American, lähteenä internetistä löytynyt artikkeli*)

Chalmers esittää ajatuksen, että jos kaikella informaatiolla olisi tämä kokemuksellinen puolensa, niin miksei tietoisuutta voisi ymmärtää sen kautta? Fysiikassa on fundamentaalisia lakeja, joita ei voi enää selittää alemman tason laeilla. Informaatio ja tietoisuus yhdessä olisivat yhdessä tällainen fundamentaalisuus ja sillä selvä? (Alkaa tuntua siltä, että ymmärrän, mitä filosofia loppujen lopuksi on) Monimutkaisilla informaatiota prosessoivilla systeemeillä on monimutkainen tietoisuus, termostaatin kaltaisilla yksinkertainen sellainen. Siis myös kubitteja masinoivilla atomeilla? Universumi koostuu kvanttikentistä tai säikeistä mistä nyt sitten koostukaan, mutta se joka tapauksessa käsittelee informaatiota. Joten universumilla kokonaisuutena on tietoisuus!

Chalmers myöntää, että hänen ajatuksensa voivat olla täysin vääriä. Trevelyan puolestaan päätyy luottamaan niihin, koska nyt hän voi väittää, että mieli ja aine yhtyvät tieteen ja filosofian syvimmällä tasolla. Mieli kytkeytyy universumin perustaviin lakeihin. Hän päättelee saman tien, että nyt ei auta kuin kohdata Jumala. Hänen perustelunsa jätän tässä kertomatta. Lukija voi uskoa tai olla uskomatta.

Uskonnollisten käsitysten mukaan sielu on se ihmisen osa, joka hänen hyvistä ja pahoista teoistaan vastaa. Tieto, taito, uskomus, rakkaus, viha ovat aivojen materiaan säilöttyä informaatiota, siis henkistä kamaa. Ihmisen pysyminen vuodesta toiseen samana persoonana ei riipu kehon aineesta, joiden atomit ja solut korvautuvat jatkuvasti uusilla. Myös DNA:n rakentava materia muuttuu, mutta sen sisältämät kehon rakentamisen ohjeet säilyvät samoina. Ja niissä persoonakin asuu.

Trevelyan tarjoaa edelliseen sielun luonnehdintaan nojaten oman versionsa hyvän ja pahan metriikaksi: "Hyvän mitta pahaa vastaan monimutkaisen systeemin muutoksen prosessissa (ihmismieli, tiedon määrä, kulttuuri) on muutos systeemin informaation sisällössä. Tämän ehdotuksen kehittämisessä on kehitettävä korrelaatio: kahden mitatun suuren välisen suhteen läheisyys. Nämä suureet ovat muutos informaatiossa ja vaistomainen hyvän vastaan paha arviointimme." (*Trevelyan Loc 3417–*)

Vaistomaista hyvän tai pahan arviointia ei pidetä fysikaalisena suurena, joten kyllä sen muuttaminen siksi haaste on. Kun hän samalla kehottaa jättämättään matematiikan matemaatikoille, tiukka tieteellisyys hieman kärsii.

Trevelyan käy läpi äärimmäisiä pahoja ja tulee tulokseen, että ne valaisevat yleistä trendiä. Yhteiskunnissa, joissa asiat ovat hyvin, kulttuuri kukoistaa ja lapset koulutetaan hyvin. Informaatiokin kukoistaa samalla. Diktatuureissa asiat ovat päinvastoin sodista puhumattakaan. Murha tuhoaa uhrinsa sielun informaatiosisällön kerralla.

Kirjoittaja ei lupaa täydellistä matemaattista hyvän ja pahan mittaa tätä kautta, mutta esittää ansioksi kyvyn tehdä erot sodan ja rauhan tai julmuuden ja ystävällisyyden moraalisten vastakohtien välille. (Trevelyan Kindle Locations 3469-3472). Trevelyan painottaa erityisesti sitä, että tämä fysikaalinen mitta johtaa takaisin uskonnollisen filosofian ydinkäsitteeseen. Hän tarkoittanee sitä, että sielu on se olio, joka vastaa hyvistä ja pahoista teoista ja ikuisuuteen päätyy. Taivasosa ratkeaa sielun informaatiosisällön perusteella. Näin ei enää tarvitse jäädä ilmoitususkonnon varaan ainoana viisauden lähteenä. Voimme myös hylätä kulttuuriset normit moraalisina ja eettisinä koetinkivinä.

Minäkin olen kiitollinen siitä, että ei tarvitse antautua uskonnollisen ilmoituksen varaan. Jälkimmäinen väite on toiveajattelua. Trevelyanin sanoo murskaavansa relativismin, joten hän yrittänee kehittää absoluuttista etiikkaa. Hänen pitäisi ohittaa se fakta, että ihminen itse silti joutuu oikeansa ja vääränsä sanelemaan. Hän ei voi suoraan bittien määristä tai muutoksen suunnista päätellä teon moraalista arvoa tyyliin "sielun info lisääntyi, hyvää, se väheni, ikävä juttu." Osa ihmisen pään henkisestä sisällöstä on arvotonta tai vahingollista, joten sen bittimäärästä ei voi etiikoita laskea.

Vaikka moraalia ei pitäisi pelkkänä kulttuurin tuotteena, jollain tavalla se on joka tapauksessa inhimillinen luomus. Eikä se niin ylimaallista ole, että se kaikkiin maailmankaikkeuden olentoihin ylettyisi.

Tiedemiehet eivät luo etiikoita tai moraalikoodistoja, vaan käyvät ihmisen kimppuun eri tieteitten keinoin tivatessaan, miksi joku teki sitä tai tätä. Evoluutiobiologit, psykologit, antropologit, evoluutiopsykologit, neurotieteilijät ovat päässeet aivojen hermosolujen toiminnan tasolle saakka kurkkimaan, mikä ihme on loppujen lopuksi moraalisen käytöksen takana. Tutkija ei välttämättä pyri luokittelemaan jotain tekoa hyväksi ja toista pahaksi. Hän yrittää ehkä vain selvittää, oliko siitä hyötyä vai haittaa tekijän hyvinvoinnin ja ympäristön hyvinvoinnin suhteen. Jos hän kertoo tämän perusteella, oliko teko oikea/väärä, hän valitsee samalla hyvän/pahan kriteereiksi maailman menoa koskevat faktat ja joutuu linnaan Humen lain rikkomisesta.

Michale Shermer tasapainottelee absoluuttisen ja suhteellisen välillä kertomalla, että "evoluutio loi moraaliset tunteet ja niihin liittyvät käytökset satojen tuhansien vuosien aikana niin, että vaikka hyväksymme sen, että ihmiset loivat moraalin ja etiikan, se emme ole me, jotka loivat moraaliset tunteet ja käytökset, ne olivat meidän paleoliittiset esi-isämme, jotka sen tekivät... Tässä mielessä moraaliset tunteet ja käytökset ovat olemassa meistä riippumatta, persoonattoman evoluutioksi kutsutun voiman tuotteina." (*Michael Shermer The Science of Good&Evil s. 18 Times Books 2004*)

Yhteisöissä elämisen paineitten ohjaaman kehityksen tuloksena ihmisillä on sisäisiä intuitioita, joiden perusteella moraaliset arviot annetaan. Ne eivät ole yleensä rationaalisen päättelyn tuloksia. Niiden siirtäminen sanalliseen muotoon tapahtuu pohdinnan kautta eikä näin saatujen perustelujen tarvitse olla oikeita toiminnan motiiveja. Ehdottomasti oikeiksi tiedettyjen moraalisääntöjen sijaan ihmisiä ohjaavat vaistot, joita ei pystytä täsmällisiksi ohjeiksi muuttamaan.

 En siis onnistunut ehdottoman moraalin hankinnassani edes informaatioon turvaten. Joudun tyytymään Shermerin muotoilemaan karvalakkimalliin. Siinä riittävän absoluuttisen takaa evoluutio jumalana Jumalan paikalla.

## Pakina 19 Mahtikompuutteri Jumalaksi Jumalan paikalle

Pakinoitsija päätyy henkisyyden etsinnässään uskomaan universumin kvanttitietokoneeksi. Näin hän pystyy täysin tieteellisesti väittämään, että koska hän ajattelee ultimaatumin olevan tietokone, jossa ajetaan varsinaista mahtiohjelmaa, hän uskoo itseään suurempaan. Hänen oma aivotietokoneensa on osa universumikonetta ja sielunsa osa universumiohjelmaa. Tämä itseä suurempi on sekä henkinen että aineellinen olento, joten pakinoitsija on saavuttanut ihan uuden tietoisuuden tason!!

Henkisen henkilön on uskottava hengen olemassaoloon. Hengellisen henkilön on ainakin oltava kiinnostunut jumaluuksista tai itseä suurempien olentojen olemassaolosta. Tämän olennon on mielellään oltava persoonallinen, mutta siitä vaatimuksesta kaikki kristinuskon versiotkaan eivät pidä kiinni. Olisi kiva myös uskoa, että ikuinen elämä on tarjolla jos ei keholle, niin ainakin sielulle.

Kaikki riippuu lopulta siitä, miten asiat määritellään. Vastoin omaa vakaumustani luon nyt metafysiikan, jonka kautta yritän saada kaikki vakuuttuneiksi siitä, että olen henkinen ja hengellinen henkilö. Siitä pitäisi myös seurata se, että moraalini on kaiken epäilyksen yläpuolella.

Kaikkien tieteisuskovien äiti Frank J. Tipler on kirjoittanut kaksi kirjaa, joissa hän yhdistää kristinuskon ja fysiikan. Hän ymmärtää perusteellisesti nykyajan fysiikkaa ja kosmologiaa. Raamatun ja fysiikan yhdistäminen on kuitenkin niin epäilyttävää, että sen voi henkiseksi rikokseksi julistaa.

Kirjassaan The Physics of Immortality (s. 124 Anchor Books 1994) hän määrittelee elämän, sielun ja persoonan tietojenkäsittelyn termien avulla. Elämä on informaation prosessoinnin muoto ja elävä olento entiteetti, joka koodaa informaatiota. Sen säilyminen ja uuden synty perustuvat luonnonvalintaan. Oleellista ei ole aineellinen olio, vaan aineeton hahmo, jonka sitkeä elossa pysyminen perustuu ympäristöstä tulevaan palautteeseen. Tämä määritelmä pitää elävinä myös autoja, joiden ympäristöön kuuluvat niitä suunnittelevat ihmiset. Luojan kiitos siitä, että Tiplerin mielestä autot ovat eläviä mutta eivät sentään vielä ole persoonia. Tulevaisuudessa ne sitä ilman muuta ovat.

Kaikki ihmisen toiminnot ovat fyysisellä tasolla informaation käsittelyä. Henki syntyy neuronien hahmoista, joten korkeat hengellisyyden tuntemukset perustuvat aineeseen. Tämä ei tarkoita, että jos nauttii maiseman kauneudesta tai virren veisuun herättämistä liikutuksista, pitäisi sielunsa silmin nähdä, miten neuronit lähettävät dopamiinimolekyylien ryöpyn toiseen neuroniin, ne taas toiseen jne. Riittää, kun toteaa, että nämä tuntemukset ovat emergenttejä ilmiöitä, jotka ovat karkeistuksia hiukkasten, joita ei ole, hyörinästä niin, että valtava määrä informaatiota jää piiloon... (*Enqvist kertoo karkeistuksista Monimutkaisuus-kirjassaan*)

Ihmisen sielu on monimutkainen tietokoneohjelma. Persoonaksi ohjelman tekee se, että se pystyy läpäisemään Turingin testin. Siinä ihminen keskustelee tietokoneen kanssa. Jos hän ei pysty sanomaan, onko juttukaveri henkilö vai kone, tietokone läpäisee testin. Koska ihmiset kaihtavat ajatusta, että heidän aivonsa ovat tietokone ja että heidän henkisyytensä syntyy tietokoneohjelmasta, käytän näin määritellystä sielusta nimeä prokru. Minulla ei ole sielua, vaan se ikuiseni mutta ei aineesta erilliseni on tämä prokru. Persoonani lienee sitten turpkru, koska uskon läpäiseväni Turingin testin, kunhan sitä ei tehdä kiinan kielellä. Termini ovat hankalia lausua, joten se voi haitata niiden opettamista lapsille. Mutta tehty mitä tehty.

Sielun aineettomuus on tuottanut filosofeille runsaasti päänvaivaa satojen vuosien ajan. Aineettoman vaikutus aineeseen on vaikea selittää, joten siihen uskovat eivät sitä yritä. He luottavat ikiaikaiseen perusteluun "so what" ja uskovat. Jos henki on aineellinen ilmiö, hengen vaikutus aineeseen on aineen vaikutusta aineeseen eikä mitään muita selityksiä tarvita.

Stuart Kauffman ei usko ja pohtii, että jos neuraalinen käyttäytyminen itse on kausaalisesti riittävä myöhemmän neuraalisen käyttäytymisen kannalta, niin miten mentaaliset kokemukset voivat aiheuttaa myöhempiä fysikaalisia tapahtumia. Hän haluaa kvanttifysiikkaan perustuvan selityksen ja tarjoaa sellaista: "teoriani kulmakivi on, että tietoinen mieli on jatkuvasti tasapainoileva kvanttikoherentti-dekoherentti järjestelmä, joka aina tuottaa kvanttikoherenttia käyttäytymistä, mutta alati myös dekoheroituu klassiseksi käyttäytymiseksi." (*Pyhän uudelleen keksiminen s. 236*)

Edellinen yritys osoittanee, että asiaa ei vielä ymmärretä. Tyydyn ajatukseen, että aivojen toiminta on tietokoneen toimintaa. Neurotieteilijät yleensä katsovat, että ne rouskivat ja sulattavat bittejä klassisen tietokoneen tavoin. Koska universumi on kvanttikone, minun on uskottava, että aivojen toiminta kaikilta osin ei ole klassista nollien ja ykkösten käsittelyä, vaan myös kubittilaskentaa. Otin Kauffmanin idean esille, vaikka en sitä ymmärrä, kun se nyt sattuu tukemaan tuota edellistä uskoani.

Aivojen aineksen muodostavat atomit, joiden ytimet koostuvat protoneista ja neutroneista. Ne puolestaan ovat kvarkeiksi nimettyjä energian paketteja, jotka hajoavat ja muodostuvat uudelleen $10^{-23}$ sekunnissa. Ainakin siinä mielessä aivot ovat kvantti-ilmiö, vaikka niiden informaation käsittely ei sitä olisikaan.

Olen nyt saanut uskoteltua itselleni, että minussa todella on aineetonta henkeä prokruni muodostavan tietokoneohjelman muodossa ja että se perustuu aineellisiin prosesseihin. Seuraavaksi minun on yritettävä selittää Se mielellään henkinen Jokin Minua Suurempi, joka oikeuttaa minut kutsumaan itseäni myös hengelliseksi henkilöksi. Sen täytyy olla jonkinlainen perimmäinen Ohjelma, jota ajetaan materiasta tehdyssä tietokoneessa. Sen pyörittäjäksi sopii hyvin universumi itse, sillä sehän on kvanttitietokone, varsinainen Mahtikompuutteri. Asetan sen nyt Jumalaksi Jumalan paikalle. Tätä kautta prokruni saa jos ei nyt ihan rauhaa niin ikuisen elämän sentään. Samalla voin katsoa olevani vain osa suurempaa kokonaisuutta, koska minut muodostavan aineen atomit ovat osa Mahtikompuutteria ja osallistuvat sen laskentaan. Laskenta tekee siitä henkisen olion. Näin olen osa sekä jonkin itseäni suuremman henkeä että ainetta. Sen nyt jo vanhentuneen henkisen itseä suuremman tapauksessa uskotaan tämän olevan ei-ainetta, joten minun uskoni on tuplasti etevämpi. (*Seth Lloyd kertoo kirjassaan Programming the Universe universumista kvanttitietokoneena, julkaisija Random House*)

Universumin kanssa jutteleminen ainakin puheen välityksellä on toistaiseksi ratkaisematon ongelma. Kvanttitietokoneitten kehittäjät väittävät tekevänsä sille yksinkertaisia kysymyksiä ja saavansa niihin yksinkertaisia vastauksia. Kyse on siinäkin puheesta vain symbolisessa mielessä. Persoonallisuuden mysteeri ratkeaa ennen pitkää, kun kunnolla toimiva kvanttitietokone on kehitetty. Kun se läpäisee Turingin testin, voidaan päätellä, että koska se on pieni osa mahtavaa Mahtikompuutteria, tämän paljon mahtavamman on myös oltava persoona.

Persoonakysymystä voisi lähestyä myös siitä näkökulmasta, että koska ihmiset ovat osa Mahtikompuutteria, niin ehkä heidän kaikki turprunsa yhdessä riittävät tekemään siitä persoonan. Epäilemättä muilla planeetoilla on älykkäitä olentoja, mutta heidän persoonallisuutensa selittämiseksi täytyy kehittää toisenlaisia testejä. Toisaalta vaikka näiden älykkyys olisi täysin toisenlaista kuin ihmisten, se voidaan selvittää jos ei muuten niin samalla menetelmällä kuin tulevan kvanttikoneen älykkyyskin.

Sielu on Tiplerin mielestä tietokoneohjelma. Sen kuolemattomuus perustuu siihen, että sielua vastaava ohjelma voidaan tallentaa ja ajaa myöhemmin tietokoneessa. Nykyiset eivät siihen pysty, joten sielujen kuolemattomuus on valitettavasti viisaiden insinöörien varassa. Tiplerin äärimmäinen väite on se, että universumi pystyy tallentamaan kaiken informaation. Jossain tulevaisuudessa se ajaa sekä niiden ihmisten, jotka eivät koskaan syntyneet, että niiden, jotka ovat joskus eläneet, sieluohjelmat automaattisesti. Hän ei kerro, perustuuko ei-koskaan syntyneitten määrä naisten munasolujen määrään vai miesten siittiösolujen määrään. Olettamalla, että jokainen joskus elänyt mies on voinut siittää jokaisella elämänsä aikana syntyneillä miljardeilla siittiösoluilla jokaisen joskus eläneen naisen jokaisen munasolun, saadaan aikaan melkoinen mahdollisihmisten määrä. Nämä puolestaan, jos siis olisivat todella eläneet, olisivat voineet... paras lopettaa tähän, ettei mielikuvitus ylikuormitu. Epäilemättä universumi tästä laskutoimituksesta suoriutuu. Tipler on paljon optimistisempi sieluelämien ikuisuuksien suhteen kuin kukaan kristinuskon teoreetikoista on koskaan ollut.

Minä tyydyn itämaisten uskontojen malliin muuttamalla sitä vähän. Tolle kertoo meille, että kaiken takana on tietoisuus, jonka luomia harhakuvia kaikki oliot ovat. Ego on harhakuva ja erillisyys on harhakuva. Kuolema tarkoittaa palaamista kaiken takana olevan elämän yhteyteen, jota hän kutsuu Olemiseksi tai Jumalaksi. Minä vain korvaan tämän Olemisen Mahtikompuutterilla ja kaikki pulmat ovat ratkaistut.

Ihmisellä on aivot, jotka luonnonvalinnan ja ympäristön yhteistyö on tuottanut satojen miljoonien vuosien saatossa. Niiden klassisen tietokoneen osat ovat sopeutuneet toimimiseen Maapallon pinnan olosuhteissa. Kuoleman myötä aivojen informaatiota käsittelevät klassiset rakenteet hajoavat ja lakkaavat toimimasta. Atomit, joista nämä ovat rakentuneet, jatkavat komputoimistaan ottamalla osaa universumin suorittamaan yleiseen bittien käsittelyyn.

Ja ah, mikä autuus! Prokrurini on palannut kaiken takana olevan elämän ja tietoisuuden syleilyyn. Jos tämä kuva ei riitä lohduttamaan jokaista kuoleman kynnyksellä olevaa, niin on se ihme. Kaiken lisäksi se on totta.

Ainoa ongelma on metafysiikkani kenties liika älyllisyys. Ryhdyn siis seuraavaksi meditoimaan saadakseni itseni uskomaan asiaan myös tunteen tasolla. Kun riittävän intensiivisesti mietin edellä kuvaamiani faktoja, niiden ajattelu tuottaa ennen pitkää myös autuuden kokemuksen.

# Jälkisanat

Olen näin saavuttanut alussa asettamani tavoitteet. Tosin sorrun edelleen iltaisin syömään juustoruisvoileipiä ja massaa on edelleen muutama kilo liikaa. Mutta uskon, että jos suuntaan meditaationi Mahtikompuutteria kohti, sekin pulma ratkeaa.

Samalla tavalla kuin teistit olettavat alkuräjähdyksen ja evoluution taakse Jumalan, minä tästä lähtien aina sijoitan kaikkien mahdollisten asioiden selitysten taakse Informaation. Siinä on jotain niin ihanaa lopullisen selityksen tuntua.

Ps. Tunnustan, että jouduin ottamaan molemmat varasuunnitelmat käyttöön aika monta kertaa.

Tauno Olavi

Kirjallisuudesta

Olen yrittänyt mainita kaikissa yhteyksissä, mistä kirjoista käyttämäni lainaukset ovat. Kindlen ekirjoissa merkitään paikat tyyliin Locations 345-560, joten ne löytää näitä hakemalla. Joskus niissä käytetään myös viittausta sivuun (p. 45). Ekirjoissa ei välttämättä ole kiinteitä sivuja, vaan ne muuttuvat laitteen näytön koon mukaan, joten viittaus voi sen takia olla kelvoton.